把心拉近

口述◆單國璽、蕭萬長、李伸一等
整理◆張麗君、卓俐君

［序一］

讓倫理成爲人類的普世價值

法鼓山創辦人聖嚴法師說過：「愈是混亂的時代，愈需要心六倫，心六倫是長期運動。」法鼓山人文社會基金會秉持聖嚴法師的教誨，這幾年工作主軸即是推動心六倫，在方丈和尚果東法師領導下，人基會董事、委員、專職和義工菩薩共同努力，以說、唱、演、寫等多元形式，積極將心六倫運動推展到社會各個角落。

近年來，人基會邀請蕭副總統、李連杰、林青霞、嚴長壽、張小燕和蔡依林等在各領域有傑出成就的菩薩為心六倫代言，拍攝公益廣告，與社會大眾做深入溝通。我們也邀請多才多藝的吳克群及聲樂家張杏月菩薩，為心六倫行動大使，創作與演唱「把心拉近」、「把心打開」等心六倫之歌，把心六倫內涵透過優美動聽的旋律表現出來。此外，人基會培訓心六倫種子教師至各機關學校和社團宣講心六倫；成立「心劇團」，以生動的戲劇演出詮釋心六倫。更特別的是，人基會和國立教育廣播電台合作製播「把心拉近」廣播節目，藉由優質的節目來推動心六倫。

「把心拉近」廣播節目由人基會主任張麗君和義工卓俐君兩位菩薩主持，張麗君主任過去在新聞界服務，人脈很廣；卓俐君小姐任職於普陽廣告公司，才華出眾，感謝兩位菩薩的發心奉獻。她們不僅聲音甜美，而且用心投入，使節目內容十分豐富、精緻，尤其是邀請的特別來賓都是社會菁英，訪談內容平易近人又具深度。因此，一年多來，「把心拉近」節目廣受聽眾肯定與歡迎。也很感謝教育電台陳克允台長的建議，將此優質節目由聲音轉化為文字，讓更多人可以分享這些受訪者的動人生命故事，從而領略到他們為人處世的慈悲與智慧。並要感謝歐陽莉和吳怡青兩位菩薩協助，將「把心拉近」節目內容由聲音轉換為文字的聽打工作。

本書是「把心拉近」叢書的第一本，人基會計畫陸續把其餘的訪談內容結集出版，希望遍灑心六倫的種子，達到遍地開花的目標，以不負師父對我們的期許和託付。

跨入二十一世紀，人類面臨種種嚴峻的挑戰，而心六倫應該是解決各項難題和挑戰的那把鑰匙。如果倫理能夠成為人類的普世價值，相信天災、人禍都可以消弭於無形，這是一條漫長的道路，但人類別無選擇，讓我們一起來努力。

法鼓山人文社會基金會祕書長　李伸一

把心拉近，倫理向前行

現代科技愈進步，似乎社會脫序紊亂事件也愈來愈多，學校霸凌事件也頻傳，價值觀被扭曲，整個社會倫理規範遭受嚴重衝擊。有鑑於此，教育部近年來乃積極推動「品德教育促進方案」，前部長鄭瑞城先生於任內推動「有品運動」，為人要有品德、做事要有品質、生活要有品味，希冀全民達到品德、品質、品味兼具的現代公民社會。吳部長清基接任後宣示，品德教育列為未來施政的重點，並具體踐行倡導「宏揚師道、力行孝道」，恢復辦理師鐸獎，表揚優秀教師，另訂定每年八月第四週的星期日為「祖父母節」，辦理選拔表揚「親慈、子孝」之孝親楷模，藉以教出好品格的孩子。身負社會教育與傳播媒體雙重任務的國立教育廣播電台，在推動品德教育的行列中當然更要發揮廣播媒體的優勢，透過一系列的節目，深化各年齡層聽眾對於「品德」的重視。

「心六倫」運動是法鼓山創辦人聖嚴法師以新時代全觀的角度，提出以「心靈環保」為核心精神的運動，希望藉由推動家庭、生活、校園、自然、職場和族群等六個面向的倫理，來幫助社會與人心能夠淨化、平安、快樂、健康。總統馬英九先生也肯定聖嚴法師倡導的「心六倫」，是當今社會向上提昇的力量，並肯定推廣「心六倫」對臺灣社會及華人世界的貢獻。

九十八年八月間接獲財團法人法鼓山人文社會基金會張麗君主任電話商談合作推廣「心六倫」的構想，共同為深耕品德、淨化人心而努力。由於理念相同，目標一致且深具意義，當即慨允。爰著手規畫製播，節目名稱定為「把心拉近——倫理向前行」，由張麗君與卓俐君二位女士共同主持，自九十八年十月開始，每週五上午九點五分至十點在FM101.7頻道中，與聽眾分享倫理觀念、生命關懷、心靈成長及人品提昇相關訊息，同時邀訪各界菁英、社會賢達暢談倫理生活的多面向與落實的方法，讓聽眾產生啓迪與效法的作用，尤以蕭副總統萬長終日忙於國計民生，仍撥冗受邀分享學習成長的過程、待人處世的態度、節約儉樸的價值觀，以及微笑面對事情、雲淡風輕看待陞遷的修養，更令人讚佩。

九十九年底節目製播快告一段落的時候，心想如能將受訪名人的心得分享及感人的故事彙編成書，廣植人心，影響層面應該既深且遠，乃請二位主持人商議，馬上獲得熱忱的呼應。當然在編輯過程，二位主持人及工作夥伴需要投入許多心力，費心又費神，非常辛勞，藉此敬致衷心的感佩。茲欣見出版，特以為賀。

國立教育廣播電台台長　陳克允

［序二］

我的廣播夢

一年多來主持「把心拉近」廣播節目是我人生美麗的逗號，因為我一次又一次被節目特別來賓精彩的分享所感動，好似春風陣陣拂面而來，那種觸動是深刻的心靈交流。我是何其幸福，有這麼多善知識的加持，使我的生命能量向上大幅提昇。

因緣何等奇妙，念輔仁大學大眾傳播系時，為了交廣播課程的學期作業，我第一次對著麥克風主持節目，從此即很喜歡透過麥克風和他人溝通，廣播對我而言有種莫名的吸引力，但是步入社會之後，因緣際會下，我並未做個廣播人，而是在平面媒體任職，然而廣播夢始終在心中的一個角落。沒想到，在人生幾度轉折之後，我在法鼓山人文社會基金會圓了這個夢。

為了推動心六倫，在一個偶然的機緣下，我向當時的教育部社教司朱楠賢司長提起，人基會希望在教育電台開設一個廣播節目，宣導心六倫的意義和實踐方法。朱司長認為這個想法很有意義，於是立即和國立教育廣播電台陳克允台長協調，陳台長也一口答應，並且撥出了周五上午九點到十點這個黃金時段給人基會，而且承諾節目馬上就可以上線。在時間緊迫下，主持人的擔子只有自己扛起來，並且想到雙主持人的作法。人基會有一位「才女」義工卓俐君師姊，她不僅口齒伶俐，行動力、反應力都很強，自然是最佳人選；感恩她跨刀救援，和我在播音室一起從摸索到熟悉，度過了一年多難以忘懷的時光。

製作這個節目的目標是「零預算」，除了主持人，音控師也要自行打理，感謝兩位之前在人基會服務的黃艾倫、方薇茜兩位師姊輪番上陣，負責音控和後製，她們非科班出身，但做得一樣有板有眼。

雖是倉促成軍，但是在因緣具足下，「把心拉近」廣播節目一炮而紅，因為節目邀請的特別來賓卡司超強，令人目不暇給。以這本書的訪問來賓而言，包括了蕭萬長副總統、國家文化總會劉兆玄會長、單國璽樞機主教、教育部吳清基部長、前外交部長簡又新先生、兩廳院郭為藩董事長、元大金控顏慶章董事長暨其夫人羅月卿女士、前國防部副部長林中斌教授、立法委員丁守中委員、前監察委員黃肇珩女士、中華電信呂學錦董事長、書法名師杜忠誥老師、雕塑大師王秀杞老師、臺灣大學孫維新教授，補教界名師沈赫哲老師；此外，人基會李伸一祕書長、黃石城顧問、許薰瑩董事等人也全力相挺，還有滾石唱片董事長段鍾沂師兄等人也在我們盛情邀請下，來節目分享他們與聖嚴師父的互動過程，這些動人的故事常使得我和卓俐君感動到淚水在眼眶裡打轉，久久不能自已。

教育電台陳台長多次好奇詢問：「為什麼你們可以邀請到這些來賓來電台受訪？」其實，我們並沒有撇步，一切均是師父的加持，許多受訪的特別來賓因為景仰法鼓山創辦人聖嚴法師對於淨化社會所作的貢獻，並且非常認同法鼓山「心靈環保」的精神，所以欣然接受專訪。這些特別來賓的人生故事讓我們讚歎不已，原來待人接物有這麼多的「眉腳」要注意，家庭是要這麼經營的，這些菁英的成功都是有跡可尋。他們真心誠意的分享，把所有壓箱寶的珍貴見聞與經驗都傾囊相授提供聽眾朋友參考，從這裡我看到人性最動人的一面，非常感恩來賓無私的分享。

「把心拉近」是我心靈的加油站，當我對人生、生活有所疑惑時，總能適時拉我一把，把心拉近善的方向。

每週五我都會期待「把心拉近」專訪的特別來賓，來分享他的學習、學佛歷程或對人生的看法、體驗，都能讓我有一種成長許多的喜悅。

兩位主持人，你們的用心、貼心、活潑、風趣，陪伴聽眾度過美好的時光，謝謝你們的用心。

真誠、動人的話語，如一顆顆溫潤的珍珠。聽眾的反應對我們是最直接的鼓舞，我們經常收到聽眾寫來的傳真，對節目肯定有加，這些對我和俐君師姊，都是最大的回饋。

「這江上曾有我的詩，我的夢，我的工作，我的愛。毀滅了的似綠水長流。留住了的似青山還在。」胡適這首詩和我心境頗為相映，一年多來「把心拉近」節目圓了我的夢，也相信經由與善知識的對話，能夠留住些什麼。

法鼓山人文社會基金會主任　**張麗君**

把心拉近

目次

平常心面對順逆境

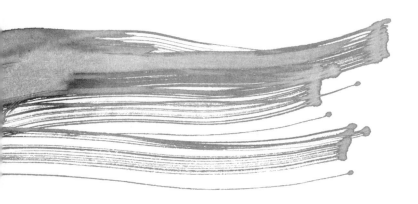

蕭萬長

曾任國貿局長、經濟部長、經建會主委、陸委會主委、立法委員、行政院長、財團法人兩岸共同市場基金會董事長、中華經濟研究院董事長。現任中華民國第十二任副總統。

我出生在一個大家庭，生長環境比較貧困，我的祖父是佃農，父親則是個菜販，父母都沒有受過正規的教育，所以也不知道如何教導我。不過，父親卻非常懂得倫理道德，常常用身教來代替言教；他雖然不懂得教我如何讀書與做人，可是他自己的一言一行，讓我受益良多。他是個勤奮的人，每天從早到晚辛勞工作；他是個誠實的人，規規矩矩做人，做事認真負責。

爸爸常常和我說，要正派做人、認真做事。在正派做人方面，他要是欠別人的錢，就會經常惦念著要趕快還錢，而且心存感謝；如果是別人欠他錢時，他就把這件事情忘記。每到快過年時，家裡的會計會告訴爸爸誰欠我們家的錢，要去收帳，父親總是說：「不要！不要！對方如果有錢，自然會還，不需要去催討。」爸爸總是如此柔軟，時時為人設想。

爸爸常常做社會公益，而且為善不欲人知。如果鄉里有人往生，連買棺材的錢都沒有時，爸爸會主動把錢送去。我上中學以後，每次到店裡幫忙，看見他做了很多的義舉、善事時，爸爸總是說：「這種事做了就算了，我們有能力就多做一點，沒有能力的話，也沒辦法做。」後來父親生意做得滿不錯的，賺了一些錢，他卻從未置產。他常對家裡的孩子說：「這些錢不需要留給你們，應該分給大家，給需要的人。」

我家兄弟姊妹共有七人，但只有我和么弟讀過大學，全家人將所有的希望都寄託在我的身上，可是他們沒有給我任何壓力，這一點讓我非常感激。

我上大學之後，就開始拿獎學金，有一項林熊徵學田獎學金的獎助對象不以清寒為主，而是獎勵各校成績最好的幾名學生。我在大學連續申請兩、三年，都得到這項獎學金。這項獎學金的金額很高，所以我不需要打工；不過我再兼一些家教，學費和生活費就沒問題了。到了研究所時，由於有政府的津貼，而且已經在外交部工作，所以我變成拿兩份薪水，生活相當安逸。

我在念研究時認識了我的太太，內人長得很清秀，我們是在嘉女和嘉中的校友會上認識的，我和她交往，是以婚姻為前提，是要把她當成終身伴侶。有一次我問太太，那個時候怎麼會看上我？她說是看我的心，不是看我的臉。她雖然和我天天見面，但是她一直是從心來看我，因為我要具有一顆好的心，她才可以寄託終身。我向她開玩笑說：「妳那時候大概眼力有問題，我忘記叫妳戴眼鏡了。」她說：「我視力很好喔！我看得比你還要遠。」想要維繫美滿的婚姻，最重要的就是要懂得容忍和體諒，要欣賞對方的優點，不要計較對方的缺點。

我和太太非常能互補，結婚至今，我就是專心工作，家裡其他的事情都交給她打理，她讓我沒有後顧之憂，所以我很感恩她。

在我五十年的公職生涯中，最大的挑戰就是如何在理想與現實、專業和庶民、政治與經濟之間找到一個平衡點。因為決策時，往往是基於現實，但現實雖然重要，理想與目標也要顧及。像我們在做經濟決策時，就理論而言，只要照著市場化或經濟理論去做就可以了，可是現在有很多非經濟因素要考慮，甚至於政黨的利益也要考慮。就是這個緣故，唯有有經驗的人，才會少做一些錯誤的判斷，所做的決定才能合乎一個最大的利益。我們做的事情不可能人人都叫好，但是至少會顧及到大多數人的利益。

在決策過程中，我會盡量收集資訊，因為做評估需要正確的資訊；其次，要善用過去的經驗；第三，要冷靜地評估過後再做出抉擇。一旦做成決定，就必須真正落實和執行。判斷力固然重要，執行力更加重要。

我以前在做政策規畫和決定時，多多少少都會遇到一些困難、爭議，需要透過溝通以減少爭議，化解阻力後，才能夠勇往直前。

我的處事風格是，不和別人計較，不忮不求，不爭功、不諉過。我的人生觀是「進兩步退一步」，所謂「進二退一」，在順境的時候我會想到有逆境，所以在順境時我會用平常心來過日子，遇到逆境時，也不會灰心喪志。我面對人生一直都保持平常心，去做平凡的事情。許多事情來的時候，用微笑去面對是最好的，這是一個處理的方式。一笑泯恩仇，很多事其實不必太過計較。天下沒有絕對地好，也沒有絕對地壞，例如今天你因為某個問題生氣，可能明天起床後，氣就消了，甚至還會覺得昨天生氣是多餘的。

我半個世紀的公職生涯，心力幾乎都用在推動臺灣的經濟發展與拓展經貿空間的工作上面，我始終樂在其中，但對於職務陞遷一向雲淡風輕。有人說，我擔任副總統以來，一直是個低調、少言的副手，但是幾乎「無役不與」，舉凡因應國際金融海嘯、與大陸協商簽署兩岸經濟協議（ECFA），以及節水、核能政策等，我都參與處理。我的態度是盡其在我，凡事知無不言、言無不盡，並著眼於整體宏觀與民眾所需而勇往直前。

此外，我擔任副總統時即和馬總統之間有「只輔贊一任」的君子協議，所以我不再搭配參與二〇一二年的總統大選。儘管我將淡出政壇，仍然會持續關注臺灣參與區域經濟的腳步，以及臺灣繼續開放與自由化的道路，讓國際的人才能為臺灣所用，更要設法留住本土的人才，這是我的自我期許和責任。

既然身為公眾人物，自然就要接受社會較高的期待和檢驗。所以自我的要求要更嚴謹，更必須謹言慎行。道德提昇的最好方式就是自我修養。學習禪修是很好的自我修養選擇，可以幫助人靜下心來隨時自我反省，這樣才能培養出良好的氣質。

提到禪修，我想起法鼓山創辦人聖嚴法師所提倡的人間佛法，是把佛法人性化。和聖嚴師父互動過程中，有幾個難忘的故事。

一九九五年我回家鄉參選立法委員，那是一場非常艱困的選戰。我原本在行政體系服務，從來沒有想到會回家鄉參選，接受民意的洗禮。面對這不在我的人生規畫中的挑戰與轉折，我的心情有點不能平靜，因此在競選過程中非常辛苦，一下子瘦了七公斤，到了衝刺階段，儘管已經全心投入，仍然毫無把握能夠順利當選，心情難免患得患失。正好這時聖嚴法師到嘉義演講，我很想請聖嚴法師開示，但身為候選人，直接去見聖嚴法師，擔心會給他造成困擾，於是請內人去拜訪他。聖嚴法師送給我四句話：「面對它、接受它、處理它、放下它。」這四句話讓我非常受用。我在投票前兩個星期，心情豁然開朗，好像走在一條開朗的路上，前往參加一場嘉年華會。覺得自己能有這個機會可以回來家鄉，和鄉親們擁抱在一起，真是太好了！本來覺得選舉是很苦的一件差事，後來一個轉念，就變得不一樣了，觀念一改，苦惱的心情就轉成愉快的心情。選舉結果雖順利當選立委，但是我已經將得失和勝負看淡，所以沒有勝選的喜悅，這是聖嚴法師「四它」給我的領悟。

和師父互動過程中最讓我感動的是，我在二〇〇〇年正副總統大選中參選失敗，投票日當晚在開票結果確定後，聖嚴法師立即打電話給我表示，他寫了幾個字要送給我。師父寫的「清涼自在」四個字陪著我度過人生的低潮，他的開示猶如醍醐灌頂，讓我了解到無論面對順境或逆境，都應以平常心面對，唯有把心安定下來才能有真正的自在，這是一種很高的境界，我將這幅字掛在辦公室，以便經常自我提醒和不斷練習。

聖嚴法師除了以墨寶為我加油打氣之外，並邀請我擔任法鼓山法行會的會長，法行會扮演著法鼓山智庫的角色，我欣然接受師父的安排。

二〇〇八年三月二十三日正副總統大選，我順利當選副總統，當晚也接到聖嚴法師的電話。他表示，打電話並不是要恭喜我，而是對我有許多期望，因為當選之後即是責任的開始，聖嚴師父之後還把他的期望寫成一副對聯送給我，「富國富民富貴萬邦，榮人榮世榮華大千」，有磅礴的氣勢與崇高的理想，我將師父的墨寶掛在副總統會客室，隨時鞭策自我，要全力以赴。

從這幾個例子可以說明，在我人生的每個關鍵點，聖嚴法師都會給我一些開示，讓我更清楚、更明確應走的方向，他像是我生命中的明燈，指引著我，使我不致迷失。聖嚴法師一生都在弘法和利益眾生，對社會、國家的貢獻這麼大，是一位了不起的宗教家，他雖然離開了我們，但是他的精神永遠都存在，我非常感恩、懷念他。

身為佛門弟子，我覺得佛法對我最大的幫助是，學習如何慈悲和智慧，有慈悲的人懂得包容，往往能夠在很多地方化敵為友，職場上如果敵人愈少，阻力也會愈少。智慧則能在處理事情時更為圓融，了解到處理事情往往不是只有一個方法，有時候必須懂得轉彎。

聖嚴法師提出的「心六倫」運動是非常重要的社會運動，二〇〇八年我應邀擔任「心六倫」的代言人，和師父一起拍攝公益廣告，覺得是一件很有意義的事情。我認為，家庭倫理、生活倫理、校園倫理、自然倫理、職場倫理和族群倫理是當前社會非常重要的價值觀念，也是人類精神文明得以延續與發揚的基石，我們每個人都應由自身做起，並且影響他人一起來實踐「心六倫」運動。至於如何做？我的經驗是先做好生活倫理，不管個人擔任何種職務，在生活上都力求節約、簡樸，不浪費，只要落實生活倫理，其他五倫都不難達成，因為生活倫理和家庭、校園、自然、職場和族群倫理都息息相關。

做當下該做的事

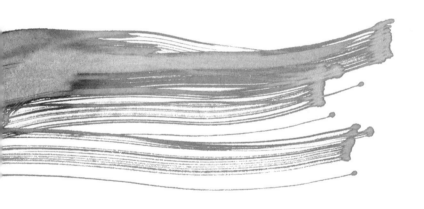

單國璽樞機主教

一九二三年出生在河北省濮陽，一九四六年加入耶穌會，一九五五年在菲律賓碧瑤晉陞神父，一九八〇年晉陞花蓮教區主教，一九九一年擔任高雄教區主教。一九九八年獲得教宗若望保祿二世任命為樞機主教，成為在臺灣地區晉陞的第一位樞機主教，也是華人中第五位獲此殊榮的神職人員。

二〇一〇年在我獲得第八屆國家公益獎時致詞說：「我只是做了該做的事情，似乎沒有得獎的理由，唯一可以找到的理由，應該是我已經八十七歲，而且罹患了肺腺癌，未來得獎的機會可能不多了。」這真的是我的心情寫照。為人服務，是我畢生的志業，也是天主給我的使命，能為別人服務，沒有什麼了不起，不值得什麼獎勵。因為《聖經》上說：「一個僕人做了他該當做的事，不能要求主人獎賞。」

二〇〇六年七月十七日，是個很特別的日子，我在行事曆上寫下：「發現肺部腫瘤。」一開始醫生們不敢告訴我得的是癌症，不過我自己其實已經猜得到了。經過許多檢查，包括肺部斷層、正子照射、針刺之後，我請醫生告訴我實情。「我已經八十四歲了，年齡已超過臺灣男性、女性的平均壽命，你就告訴我好了，到底是什麼癌？」醫生聽了即據實以告，我得了非小細胞肺腺癌，這是一種非常難纏的癌症，而且發現時已是第四期了。

按照醫生的經驗，第四期的病人，存活率大約只有三到四個月，最多半年。治療的方法有開刀、化療、放射線照射、標靶治療四種。醫生問我想用哪一種？我尊重醫生的專業，請他決定。後來經過幾位醫生一起會診研究，認為開刀不合適，因為右肺大的腫瘤緊靠著大動脈，如果把大動脈拉破了，血流不止，會有肺充血的危險。至於化療，由於我的年紀太大，有的器官有些衰竭，化療雖然可以殺死壞細胞，卻也可能傷害腸胃、肝臟、腎臟等，所以不適合。放射線照射也不宜使用，因為他們認為癌細胞既然到第四期，可能在身體其他地方還有，把肺部的癌細胞殺死了，別處可能還有，因此，他們決定試試標靶治療。

根據統計，標靶治療對白種人僅百分之八有效，對黃種人的效用雖然略高一些，但也只有百分之十八有效。我吃了標靶治療的藥物後，結果副作用全都出現了：頭髮捲起來，手指與腳指發腫、發青、發黑，後來，甚至裂開流血。醫生們看了很高興，我說：「我痛得不得了，你們為什麼卻很高興？」他們說這證明標靶治療對我有用，所以副作用發揮出來了。

發現生病時，我的心裡有一點抗拒，因為我不抽菸，也不喝酒。於是，我向天主祈禱說：「主啊，我一輩子都侍奉祢，一輩子都聽祢的，現在我剛退休，正想可以隨心所欲，做一點自己喜歡的事，怎麼祢讓我得這個病？」天主哈哈大笑說：「你一輩子都聽我的，現在老了，還得聽我的！」

我說：「主啊！我現在已經八十四歲，又老又病，還能做什麼，我不過是一個老廢物。」天主說：「我就喜歡廢物利用！」我說：「祢喜歡廢物利用，那祢隨便用好了，祢讓我能做什麼呢？」

這時天主就跟我說：「現在得了各式各樣癌症的人愈來愈多，一得到這種病，就像判了死刑一樣，焦慮不安，飯吃不下，也睡不著覺，性格也改變了，對醫生、對護士、對家人都不滿意，就這樣很快地就走了。現在你自己得了這個病，有經驗可以現身說法，去安慰、鼓勵這些人，甚至也去安慰、鼓勵那些醫生、護士和醫療人員，因為他們治這種病，和治別的病不一樣，沒有什麼安慰，治一個死一個，治別的病還可以治好，還可以得到成就感，還有一點安慰，所以你去安慰這些醫護人員，還有病人和他們的家屬也都需要。」

我說：「好吧！醫生告訴我大概還有三個月、四個月，最多半年的壽命，趁我現在還可以行動，還可以講話，是不是我就做一個生命告別之旅。」在祈禱中，天主好像就答應了。於是，我轉念了，由原來的「怎麼是我」轉變為「怎麼不是我」，能夠接受生病的事實。

從那時候起，我就開始做生命告別之旅。沒想到，一做就做了三年多，到現在還在做，有人跟我開玩笑說：「你已經全臺灣都跑遍了，還在做生命告別之旅嗎？」我說：「真正面對面聽我演講的，到現在還不到二十萬人，最多大概只有十五、十六萬人，還有很多人沒有當面聽我做告別之旅。即使活著只剩一口氣，只要還能走動，我要繼續做生命告別之旅。」這就是我生病以後，內心深處的反應和實際的行動。

許多人對死亡感到恐懼，也避免談論死亡。我認為，有宗教信仰的人，可以宗教信仰來克服內心的害怕，克服面對死亡的恐懼，那就沒有什麼可怕的了。因為對有信仰的人來說，死亡不是生命的結束，而是生命改變的過程，是從現世進入永生。

這個過程，如同穿越一座隧道，就像雪山隧道那麼長，在穿越隧道的時候，心裡難免有一點毛毛的，因為不知道裡面會發生什麼事情。不過穿過隧道之後，正是柳暗花明又一村，看到蘭陽平原，看到太平洋，完全是另一個世界。我相信，在隧道這邊，就是現世的生命，在隧道那邊，則是永恆的生命，是我們所謂的天堂，永恆愛的生活。

經歷八十多年的人生經驗，尤其是得了癌症之後，生命已快到盡頭，我深深地反省，認為人生的意義，就是把愛活出來！假如真正把愛活出來，人生就顯得非常地豐富，非常地有意義、有價值。

如果能夠重新選擇，我仍然要選擇我所走的這條路。我修道已經六十多年了，回首過往，我的選擇不但沒有錯，而且是充滿了意義，活得有價值。

在生命告別之旅中，最讓我感動的是有一次在臺北演講後，留一點時間讓聽眾提問題。一個坐在最後面的太太舉手說：「我不是發問問題，我是特別來感謝樞機主教。」她說，本來她想要自殺，因為家庭問題和身體的疾病，讓她幾乎活不下去。有位朋友勸她說，妳去聽單樞機的演講好不好？就帶她去聽了一場演講。當我講到「不要光想著自己，不要光想自殺解決了自己的問題，彷彿一了百了。不要忘記你的子女、你的另一半，還有你的父母、親友，因著你的自殺，帶給他們多麼大的傷痛，可能是一輩子都沒辦法弭平的創傷。假使你想到這裡，大概就不會自殺了。」她說，從前光是想到自己，好像有喘不過來的氣壓著她，並且想要自殺，聽了這席話之後，使她豁然開朗。這位太太從自殺邊緣挽回自己的性命，也因著「愛」，使她原本感覺到的痛苦和沒辦法負擔的問題，都解決了。

另有一次，在高雄燕巢監獄。我講完以後，有一位大哥級的人物，約五十多歲，長得非常高大。他說：「聽了你的演講，我感覺到比你留給我們的『手尾錢』

還要有用。」臺語我不太懂，典獄長替我翻譯說，就是老人家去世時分給子女的錢，就叫「手尾錢」。在監獄裡面，各路英雄都有，我看他們有的人一直在擦拭眼淚，這讓我非常感動。

「犧牲享受，享受犧牲」，是我擔任徐匯中學校長時，在學生畢業刊物上題的字。這句話簡單易懂，四個字，無論是換成動詞或換成主詞，意義都非常的深遠。你願意為別人服務，就必須要犧牲，犧牲自己的時間、自己的精力、金錢等。那享受呢？享受不是從金錢來的，享受是從你犧牲的成果換來的，看到別人從自己的付出中得到好處，這個享受可能比物質的享受、金錢的享受更重要，也更有意義。

法鼓山聖嚴法師的一生即是為「犧牲享受，享受犧牲」做了最佳註解。我非常欽佩聖嚴法師，他是一位手不釋卷的學者，讀了很多書，也有很多著作。我們兩人公開的大型對談，應該有六次，規模最大的一次是在臺大體育館，談的是「心靈環保」。

聖嚴法師認為傳統的五倫在現今社會已不敷使用，因此推動「心六倫」運動。以前我曾倡議「第七倫」，所謂第七倫是指人與上天的關係，有一個垂直的關係，五倫、六倫都是橫向的關係，第七倫可以上通天，下通地，這樣才達到完美。

比方說我常常看到有些人闖紅燈，他們認為警察不在場，也沒有人經過，就可以闖紅燈。如果我相信「舉頭三尺有神明」，無論警察在不在以及有無法律規定，良心都會告訴自己應當怎麼做。在舊約的時代已經有「敬天愛人」的觀念，能夠「敬天」，才能夠真正的「愛人」，才能夠無私地愛人。

愛人包含人與人之間的一切關係，所以教育非常重要。現在的教育最缺乏的就是良心的教育，明朝儒者王陽明提倡的「致良知」，良心是做人的根本。現今社會矇蔽我們良心的事情太多了，包括網路、電腦等，孩子從小都在接觸，有時候分不清什麼是善惡？什麼是是非？對這些人生價值都迷糊了、弄亂了。因此，必須讓小孩從小能夠按照良心生活，不說謊、要誠實、不欺騙人、考試不作弊等，長大以後才能夠判斷是非善惡。假使一個人有良心，也就不那麼需要法律了，因為能夠自律，完全按照良心做事。我想教育最基本的事，還是先培育學生們正確的良心，能夠判斷是非善惡。如果沒有良心教育，即使上面再鋪陳著什麼華麗的東西，因為沒有基礎，這些仍是空中樓閣。

假使我們有良心，不做虧心事，當面對死亡、面對世界末日時，就不用害怕。有人問我：「假使今天是世界末日，你做什麼？」我說：「就是做現在應當做的事情。」有個孩子問我：「二〇一二年馬雅文化預言世界末日快到了，你怕不怕？」我回說：「不怕。」他繼續追問我：「那我們該當做什麼？」我說：「你只要做一個好學生、做一個好兒子，就好了。」

有關宗教交流的問題，我樂於和各個宗教代表做接觸或交談。例如，我與聖嚴法師共有六次座談，和星雲法師亦有多次交流，達賴喇嘛來臺灣時，我也跟他公開地交換過意見。雖然我們彼此的信仰不一樣，但是可以找到一些共同點去切入與合作。

例如，在九二一大地震時，受災最嚴重的是南投地區，山裡面沒有佛寺，也沒有道觀，大部分不是天主教就是基督教的教堂。我向法鼓山、慈濟和佛光山的代表們提到，所有的教堂都歡迎他們，可以住在那裡，也可以將救濟物資存放在那裡，基督教也是一樣，大家可以彼此合作。由於天主教在南投沒有醫院，基督教在埔里只有一所醫院，我們立刻從天主教的十三所醫院裡調派十三位醫生支援，又調派了三十幾位護士去協助，並且運送緊急藥品給埔里基督教醫院，救治很多傷患，大家都合作無間。我經常對宗教界的朋友說：「我們信神的人，假如都不能合作，那要怎麼去影響社會？怎麼能讓那些政治人物們合作？」因此，我認為宗教之間的合作是非常重要的。

即使人的種族不同，教育和文化也不一樣，但是人的良心都是相同的，都知道欺騙人不好、偷東西不好、殺人不好……。因此，良心是上天的呼聲，它在每個人心裡面告訴人，什麼該做和什麼不該做。各個宗教都可以努力合作，共同提倡倫理道德，使之成為一種普世的價值、整個人類的價值。

祝福每一位朋友和你們的家人，祝福你們的事業，祝福我們的國家國泰民安，也祝福全世界和全人類彼此相親相愛，像兄弟姊妹一樣，不再有戰爭、仇恨。希望大家都能弘揚正義，都能實踐倫理道德的生活，能夠共同促進世界的和平。

永遠樂觀迎向明天

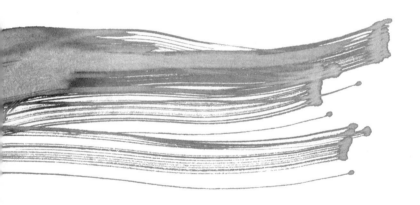

丁守中

臺灣大學政治系學士，美國佛萊契爾外交法律研究院（哈佛大學合作管理）國際政治學博士，曾任教臺灣大學政治系，第一屆、第二屆、第三屆、第四屆、第六屆立法委員，現為第七屆的立法委員。

我生長在一個中產階級的家庭，父母很重視傳統禮教，尊師重道和儒家思想是我家的家規。父親認為「人心惟危，道心惟微，惟精惟一，允執厥中」是中國政治一貫相傳的心法，從父母給我取的名字就可以看出來，取名守中，就是要守中道，勉勵做人、做事要守分際，不要走極端。

從小，父親便不斷對我耳提面命，人的聰明才智差距不大，後天的努力加上不斷地學習與調整才是成敗的關鍵。他時常提到當年能從大陸順利來臺，多虧他小時候就會游泳。他從海南島準備逃難到臺灣時，看見船已經駛離了碼頭，當下毫不猶豫跳入海中，奮力游泳到船上，所以才能平安撤退到臺灣。游泳的技能在無形中救了父親一命，並改變了他的命運。所以他常拿這個例子教導我們，人的聰明才智皆相去不遠，如果自己願意多方學習，將來一定能夠用得上。

父親是響應「十萬青年十萬軍」抗戰而從軍，來臺後在陸軍八〇二總醫院當主任，他的身教言教對我的影響很深。我的一位中學歷史老師也對我的啟迪甚深，而且和我父親一樣，原來也是青年軍，後來才轉行當老師。這位老師有感於中國從十八、九世紀開始積弱不振，是因為制度上沒有辦法和西方先進國家一樣，我們只學洋人的皮毛，以為會用洋槍洋砲就夠了，而日本人卻知道要進行明治維新，從典章制度上去改革，因此變得強盛。我一直記得老師說過，中國要強，政治制度一定要走上多元化民主開放，要與國際接軌。無論是父親或是歷史老師提到他們逃難的經驗，以及他們幼年時家鄉貧窮的事情，都是充滿著時代悲情與大時代兒女的使命感，受到他們的感召，我從念中學時，就決定將來要學政治和國際關係。

我後來順利考上臺大政治系，大學畢業即赴美留學，學成後返國在臺大任教，教書三年期間，因為常寫些批評性的時政文章，之後決定把許多改革的理念付諸行動，於是參選立委，沒想到初試啼聲即順利當選立法委員。

別人以為我的人生是一帆風順，其實我也遇過低潮，在立法委員第五屆選舉時，雖然民調最高，但我卻以最高票落選，這項打擊對我來說，實在很大。

我想起父親從小就告訴我，亡羊補牢或事後追悔是沒有用的，「凡事豫則立，不豫則廢」，如果事先做好了準備，將來成功的機會就比較高。如果碰到挫折或失敗，要總結經驗加以檢討，切忌怨天尤人。我在二〇〇一年參選第五屆立委選舉時，確實是自己太大意了，當時國民黨是在野黨，所有民意調查結果，我都是選區裡面民意支持度最高的，民意支持度是第二、三、四名候選人加起來的總和。

那時候我們的選區要選十個立法委員，黨中央及黨內同志都認為不要給我責任區也沒關係，我也認可；黨還要我帶著新人參選，我也同意。選前人人告急，我還呼籲大家平均分票，以確保同黨同志都當選。結果選民都認為丁守中一定當選，而且票數可能會太多，所以就自動將選票投給其他候選人，於是原本要投給我的選票就流失到其他候選人，最後我竟然以九十六票之差落選。這個教訓讓我體會到失敗的原因是太自信了，一直幫大局設想，結果反而落選了。

不經一事，不長一智。經此教訓，我決定重新出發，我想到父親的教誨，要「事前拚命，事後認命，總結經驗教訓，永遠樂觀迎向明天」。我告訴自己，如果總是鑽牛角尖，一直追悔過去 是學不到教訓的。

一九九〇年增補選立法委員，我進入立法院時，老立委還沒有退休，新立委被定位為第一屆增額立法委員，和七、八十歲的老委員一起開會，直到一九九一年才改為第二屆立法委員，重新全面改選。那時候，民進黨和黨外激烈抗爭的對象就是萬年國代、萬年立法院。我從臺大的講堂轉到形勢激烈、衝撞的立法院，有人甚至暴力相向，潑水、打架，把老國代、立委扭倒在地，讓學者從政的我覺得格格不入，很不能適應那樣的政治生態。

那時候的國防部長是陳履安先生，他介紹我去北投農禪寺，說是那邊有一位大師，也就是聖嚴法師。初次見到聖嚴法師，他的開示是「慈悲沒有敵人，智慧不起煩惱」，要我凡事不要太執著，學會放下，必須多面向考量事情，並且勤跑基層。聖嚴法師鼓勵我報名參加第一期菁英禪三，教導我們打坐，練習禪定工夫，尋求身心靈的平衡。他說我每天如果有一段時間能夠觀自在，可以禪坐和放鬆，會是很好的事情。我皈依聖嚴師父後，法名是「果山」。

聖嚴法師的教導，對我身心的安定有很大的幫助。他表示，從政不但要有好的體力，更要有好的品德。立法院過去因為經常發生肢體衝突，而登上國際媒體新聞，我是跆拳道初段，不是不會打架，而是不會這麼做。我一直牢記師父的教誨，立委應有良好的品德，以及我的言談舉止要符合三寶弟子的所作所為，所以我從來不參與立法院打群架，問政態度力求溫和而不激動，不會和別人惡言相向，因為出言不遜是在造口業。

我不敢說立法委員打打鬧鬧就是品德有問題，其實政治制度的問題更大。我們的社會基本上是一個衝突的社會，立法院會有這麼多打打鬧鬧，或者是立法院的問政亂象，都可能是社會衝突的表象，而且媒體也喜歡追逐這種比較羶色腥的語言、衝突的場面，再加上臺灣社會本身存在滿多的矛盾，我們有歷史的悲情、二二八的情節，有南北的差距、統獨的爭議、省籍的矛盾。欲改善此一情況，要從制度著手。

我曾在立法院提過，希望比照各先進民主國家，有國會警察權、議事秩序權。歐美和日本等先進國家，都有這種議場糾察的設置。當主席說「秩序、秩序」的時候，民意代表如果還有肢體動作和衝突，就會被議場警衛請出場了，他還可能會有被停權、停薪的處分，要有像這樣的制度，才對民意代表具有約束力。

愈是混亂的環境，愈應該保持沉著冷靜，一個好的民意代表不能用拳頭來問政，但應該有的堅持，不能輕易妥協。我認為從政就是把事情講清楚，學過《易經》的人都知道，天地萬物、社會就是不斷地在變化的。面對各種各樣的衝突，你即使做得再好，也還是有人要污名化你、要批判你，只要想通了，就不會罣礙。我從擔任立法委員以來，每一屆、每一會期的問政表現都是排名前三名，包括「公民監督聯盟」和「財經立法監督聯盟」等團體就立委質詢深度、問政理性、專業表現和行為操守等方面所做的評鑑，我始終都在前三名之列。

有人讚美我形象好，我想這可能和我的家庭教育有密切關係，從小父親要我背很多古文，例如《朱子治家格言》。希望我學習多行善積德、福報子孫、守中道……等道德文化。《論語》也說：「多行不義，必自斃！」閱讀古聖先賢的作品對我日後的為人處世非常有幫助。宗教也告訴我們要知恩、知足、感恩、惜福，做人莫做虧心事，夜半敲門心不驚。善惡到頭終有報，只是來早與來遲。只要懂得這些傳統思想，人的品性就不會變壞，我父母這樣教育我，我也這樣教育我的兩個兒子。

研究政治的人也會發現，只有守中道，不踰矩，政治生命才可以長長久久。因此，道德教育是很重要的，而且應該從小培養和灌輸，它會成為我們腦中的一個濾網，做任何事都會想到它。

我很幸運，有重視孩子教育的父母，也有開朗賢慧的太太。當年我留學回來，在臺大任教時，經由我的大學同學、現任交通部長毛治國的牽線下，認識了也是留美學人，在東吳大學音樂系任教的溫子苓，她的開朗個性和知書達禮非常吸引我，我們交往近一年之後即決定共組家庭。

我和太太的個性互補，她不會鑽牛角尖，常常今天的事到了明天就忘了。她以前帶著兩個小孩，我覺得像一個幼稚園大班帶兩個中班、小班的。因為我都在外面忙，所以都是由她在照顧孩子。她扮演一個慈母的角色，而我則是嚴父的角色。

我結婚的時候，陳立夫先生寫了一幅字給我，做為我的治家格言。這幅字寫著：「凡百組織，定於一尊，唯有家庭，夫婦平等，欲求平齊，貴乎互尊，同則相愛，異則相敬，既愛且敬，孝悌和順，內外分主，嚴慈共濟，分工合作，猶似一人，時久知深，互化互成，同心同德，無間精誠。」確實如此，一切組織都定於一尊，可是家中夫婦地位平等，需要互尊、互敬、互諒、互信。父親從小對我諄諄教誨，我也如此告誡兒子們以後結婚，結婚前要睜大眼睛，結婚後要閉一隻眼睛，如此，夫妻才能長久相處。

夫妻擁有共同的嗜好很重要，我和太太都喜歡音樂、閱讀、電影和園藝，偶爾也共同下廚。我太太以前念書時，在西餐廳打過工，所以很會做糕點。我在美國留學時，已婚同學夫妻經常請我吃飯，我就買一本中國菜食譜，看著食譜慢慢學。再加上我小時候經常看著母親如何做菜，多多少少有一點料理底子，所以很快就能上手，因此，我的手藝立刻在留學生圈傳開，大家還封我為「丁炒手」。我後來在立法院積極推動廚師專業證照制度，大幅提昇廚師專業地位。

現在我最大的休閒是種菜，不是在「臉書」種菜，而是真正下田種菜。我在北投後山買了一塊小田，假日時就往山上跑，是標準的「假日農夫」，一方面運動健身，一方面休閒自娛。大家合種有機蔬菜和花卉，每次收成時都好有成就感，我也會把我種的有機蔬菜和親友們分享，感到樂趣無窮。

孩子在溫暖的家庭中長大，比較不容易有偏差。我的兩個兒子個性都很有自信，十分獨立，也樂於助人，他們現在都在美國念書，放假回來時也會幫忙做家事，非常體貼懂事。

我對於所擁有的一切非常感恩、惜福，也深切體悟到聖嚴法師推動「心六倫」運動的重要，因為人與人、人與社會、人與自然的關係，如果有倫理的規範，家庭、社會、國家和世界都會和諧而有秩序。

獨樂樂不如眾樂樂

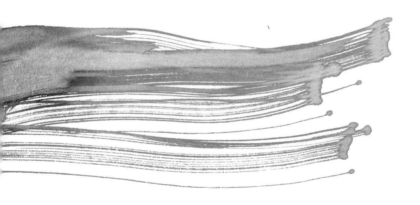

王秀杞

臺灣藝壇界的雕塑大師。作品為各大美術館收藏，臺北市立美術館有一尊老阿嬤的雕塑，將阿嬤慈祥、純樸的模樣，刻畫得栩栩如生，此一傑作為王秀杞的代表作之一。王秀杞每一件作品都有這種特質，令人愛不釋手。其創作的原動力就是愛。他把倫理跟親情做了一種很自然的抒發。

我是陽明山的「原住民」，從小到大一直都住在山上，我小的時候很活潑好動，從我家走到陽明國小大約有兩公里的路程，每天我都是連走帶跑上學，體能就這麼日積月累被鍛鍊出來。再加上我的運動神經非常發達，所以在體育方面的表現滿突出的，尤其擅長八百公尺和一千五百公尺中距離賽跑，因此成為學校的運動健將。

照理來說，我應該屬於「頭腦簡單，四肢發達」的人，我非常熱愛運動，卻不喜歡念書；不過，我對藝術也有濃厚興趣，體育課和美勞課是我最喜歡的課程。當面臨大專聯考選填志願時，我很困惑到底要學藝術，還是學體育，那時我在想，體育比較屬於自我行為，在田徑場上即使跑得再好、打破紀錄，也只是個人的表現，只是田徑場上的一種技術而已。但藝術不同，藝術作品的美感會給別人快樂和感動，可以永久留傳，與很多人產生共鳴。所謂「獨樂樂不如眾樂樂」，做出好作品讓大家欣賞，是一件快樂的事，基於這個理由，我決定選擇走藝術這條路，所以大專聯考時，沒有填體育系，而是報考了藝術系，從此走上了藝術這條不歸路，一路走來已經走過四十年了。

當時的藝術系分成油畫、國畫、美工設計、雕塑等，我讀的國立藝術專科學校（現在改為臺灣藝術大學）科系分得比較細，選填志願時，我也分不清楚這些科系有什麼不同，根本是亂填志願，反正我都喜歡，考上哪個科系就讀哪個科系。最後，我進了雕塑科。不過，當時外界多半不知道雕塑科系是做什麼的，我記得每次和別人提到自己讀雕塑科系時，他們就會問我雕塑是什麼？我都會回答：「就是做蔣公銅像的。」只有這麼介紹自己所念的科系時，別人才能一聽就懂。

最初接觸雕塑時，我認為這個領域好像比較好玩、比較有挑戰性，因為雕塑是立體的、呈現三度空間，而且和我的生活密切相關，因為我住在鄉下，生活空間都是立體的。讀了一年雕塑之後，才發覺雕塑確實是我的最愛，於是決定以雕塑做為一生的志向，不再改變。

當年從事雕塑這個行業的人員，幾乎都會製作蔣公銅像，因為這是必備的生財之道，市場很大。記得一九七五年蔣公逝世時，我正好在當兵，幾位雕塑界的前輩設計了幾種尺寸的蔣公銅像，從基隆一路接案到高雄，因此發了大財，我稱他們是專業的蔣公銅像雕塑師。當時製作蔣公銅像不必經過議價，雕塑師說多少就算多少，真是藝術無價。我也曾製作過幾尊，但是我只能算是業餘的。

製作蔣公雕像在藝術領域屬於紀念像，比較歸類於應用藝術層面，但也不能說它不是藝術。有的人做雕像做得非常好，就像朗度斯基（Paul Landowski，製作國父雕像者）、羅丹（Auguste Rodin）。在羅丹以前，大概都是以具象為主；羅丹以後，雕塑風格產生很大的轉變，變得比較抽象。

不論藝術創作的形式為何，成功的作品都要先經過無數次的挫敗。我會一路堅持走下來，可能和我喜歡田徑有關係，在田徑場上，勝敗乃兵家常事，參加比賽難免就會有輸贏，輸贏都是正常的事。而田徑的精神即是百折不撓、愈戰愈勇，要有努力拚到第一名的精神。

雕塑也是如此，要拿第一名談何容易？全國大大小小的比賽，每一項競賽我都去報名參加，幾乎是「無役不與」。因為每一個老師或評審委員欣賞的角度不太一樣，一件作品要讓每個老師都能認同，所花費的工夫一定要比較深才行。如果失敗了，還要再努力一次。舉例來說，我參加中山文藝獎就連敗三次之後才成功，我就是一路這樣跌跌撞撞走過來的，後來領悟到一個真理，做一件事情要百折不回、全力以赴，失敗不但還要再繼續做，而且還要做到更好。我當時的心情是：我做出來的作品，要讓每一位評審委員覺得，如果不把我評第一名時，他們會被其他人說：「你怎麼會評他不好？」基於這種心情，我一定要做到讓每位老師都能夠讚歎、認同我的作品。

記得有一次省展，我拿到第一名。當時省展設有一項「永久免審作家」的榮譽，參賽者必須連續三年都在前三名以內。而我前兩次分別獲得第一、二名，因此第三次更要全力以赴，但我常聽說許多人都是在第三次參賽時被卡住，由於擔心重蹈覆轍，所以我決定別出心裁，想要用一個重的、大的東西來做雕塑。我創作了一件石雕作品，當時很少人刻石雕，我花了將近一年的時間去刻它，由於作品重達三、四噸，購買石頭的成本就接近十萬元，雖然後來順利獲得第一名，獎金卻只有三萬元，所以入不敷出。其實獎金多少我並不在意，比較在意的事是作品拿不回來，因為當時規定參賽獲獎作品屬於主辦單位，我認為此一規定很不合理，心想如果有一天我做了評審，一定會改掉這個制度，主辦單位如果要收藏作品，必須尊重作者的意願，並且應給予作者合理的收藏價格。後來我當評審時，其他評審也都有同樣的感觸，在此共識下，我們就把這個制度給改掉了。

創作有兩個形式，一個是技巧、一個是思想。這兩方面都要經過時間的累積，要經過歷練、打拚才有辦法。如果完全靠天分，成就畢竟有限。從事藝術工作，必須不斷努力、不斷修正，永不停止地吸收新的知識、新的技巧，再加上努力，才比較有機會成為一個藝術家。

雕塑需要靠心力、靠體力，用力雖是基本要求，但我覺得有一句成語說得好：「四兩撥千斤。」雕塑一塊石頭，雕塑師要做的事不是去克服石頭，而是順著這塊石頭，和石頭互動，這不一定需要使用很大的力氣，反而是需要把感情放進去。一塊石頭往往好幾噸重，要如何搬動？不必用人為的，可以用機器或者其他方法。我們常說：「大石頭怕癢。」向石頭搔搔癢，它就會比較好處理、好搬動了。

還有就是天時、地利、人和，住家的地方和環境也會影響創作。因為雕塑師在刻石頭、做作品，所需的空間比較大，創作時容易吵到別人，也很怕受到他人干擾，如果在都市裡創作可能不太合適。像我住在鄉下，占了地利之便，可以自由發揮，不必擔心干擾別人。我有好幾位做雕塑的朋友，因為住在市中心，鄰居常常會抗議，所以被趕來趕去，三不五時都在搬家，這對創作影響很大，因為搬一次家，要花好多時間、好多精力，還要適應。

地利之外，還要有天時。藝術家如果處在亂世，可能很難有旺盛的創作力。試想，如果我們處在八年抗戰時期，你要做什麼雕塑？我有幾個雕塑老師，他們在第二次世界大戰期間，藝術創作幾乎完全停頓。畫家郭柏川老師，因為戰爭的關係，他改用宣紙來畫油畫，以方便躲警報，隨時可以把畫紙捲一捲帶走，這也是一種創舉。

我的作品和我的成長背景有密切關係，因為我一向是從生活的歷練中尋找創作的靈感。我做了許多親情為主題的作品，這些創作具有代代相傳的意念。很多朋友非常喜歡我做的阿嬤主題的相關作品，其實我只是把我的阿嬤的樣貌與神態雕塑出來而已，由於我對她很熟悉，所以能夠掌握住精神，在創作阿嬤與孫子之間的祖孫情時，那種真愛、真情的流露，即是我的生活和記憶。

因此，創作一件作品，一定要和作品產生互動，把真摯的情感融入其中，才能表現得淋漓盡致。你如果只是坐在工作室裡面，不食人間煙火，悶著頭想啊想的，是不可能創作出好作品的，還不如去體驗那種感覺。抓住那種感覺是很重要的。要去領悟創作的來源，才不會天馬行空，做出來的感覺也才會真實。

作品如果有其形、無其神，只做出表面的形，沒有神韻在裡面的話，是沒辦法感動別人的。記得我的老師曾告誡我和同學們，要感動別人之前，要先感動自己。你有沒有感動你自己？你有沒有把你的心靈世界發揮得淋漓盡致？所以，你必須去歷練、去體會，真實地去體會，不是憑空去想像出來的。

我曾經和去世的國寶級演員葛香亭在一個場合巧遇，我對葛伯伯說：「你演什麼就像什麼。」他說：「我當然是這個樣子啊！」他的想法與我心有戚戚焉。以我的創作來說，並不是等到要做的時候，才請人當模特兒。我是在平時生活中去歷練、去觀察對方的外形和舉手投足；同時，也要常常去體會祖孫情、親情、母子之間如何互動，我也常細心觀察別人如何表達親情。

我有一個朋友說，他到醫院裡面什麼科都看，就是不看婦產科跟小兒科。我恰好相反，我到醫院只看婦產科和小兒科，因為我就是要去觀察母子之間的親情，以及小孩子那種天真的肢體語言。

還有一點很重要，不論從事哪一行，看重自己的工作很重要。我認為，從事藝術工作，應該有潛移默化 教化人心、淨化心靈的思維，其實就是藉著作品和社會大眾溝通：我在說什麼？我要做什麼？讓觀賞者可以在精神方面獲得提昇，在心靈造境上能夠走到另一個境界。現在年輕人對於長輩的看法，或者對人之間的感覺，和我們不太一樣。我們那個年代的人都很尊師重道、重視倫理，長輩即使說錯話，也必須尊重，不能忤逆。

生活中的倫理道德非常重要，現在的社會秩序混亂，可能是欠缺生活教育，所以我想透過作品來表現愛，傳達愛的重要！在我的作品中，主要的訴求就是親情。親情不僅是對父、母親的親情而已，就像佛家強調的慈悲，真正的慈悲也不是只有對人慈悲，是對宇宙萬物都要慈悲。我們對萬物慈悲，也是一種倫理，是一種做人的基本。我不斷在作品裡面傳達用愛來表現倫理道德，讓它自然流露，讓人潛移默化，讓他們的心靈能夠有所得。我從事藝術工作，雖不是做什麼偉大的事情，但我盡力去做。

我認為，家庭是社會的基本組織，如果連家人都不關心，怎麼可能會愛社會與國家？因此，實踐家庭倫理是一個人的基本認知和生活行動，並且要從對家庭的愛延伸到對社會、國家、地球的愛，由小愛輻射出去成為大愛。

不自滿、不自大是藝術創作者應有的素養，我們為人處世也要把握這個道理。我會要求自我，作品要有廣度，也要有深度。我經常自我期許，今天的作品要比昨天好。我的特色就是從愛的角度切入，並且把心靈世界表達出來，創造氣涵大千的感覺，讓作品達到真善美的境界，把美表現到淋漓盡致。

所以我一直在努力，全力以赴，用心投入創作。其實這也是一種心靈上的修行，我不會滿足於今天的作品，還可以要求自己做到更好。我的一位老師陳夏雨，他的作品很少，但是每一件作品都是一流的，非常有內涵，這是因為他的心靈世界有獨到之處。我只是想盡我的本分，把我雕塑領域的工作做到好，如果能留下一點東西給後人欣賞，讓後人透過我的作品能有所體會，如此我的生命就很有意義。

懂得珍惜與培福

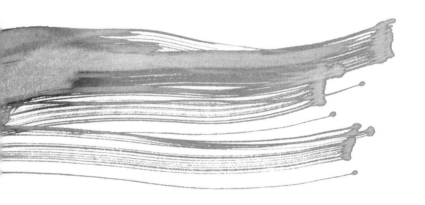

吳清基

國立臺灣師範大學教育學士、碩士、博士，曾赴美國密蘇里大學進修、英國倫敦大學進行博士後研究，並且擔任過美國哈佛大學訪問學者。在教育界和政壇的資歷完備，曾任教育部中教司長、技職司長、行政院參事兼六組組長、教育部常務次長、政務次長，以及臺北市教育局長、副市長。現為教育部長。

經過困苦，更懂得珍惜，走過艱難，更知道培福。

我從小所經歷的生長環境，對我長大後為人處世的態度影響深遠。「萬丈高樓從地起，英雄不怕出身低」，儘管我做了教育部長，還是不會避諱去談我是一個三級貧民的小孩，希望我的故事能夠成為一些貧窮小孩找到自我認同、自我肯定的示範，然後成為激勵他們向上的動力。

身為三級貧戶的小孩，我的幼年生活確實過得很辛酸。小時侯，媽媽要到田裡打零工，一天賺八塊錢。到了冬天，為了生活，還要到家裡附近的糖廠做夜工，搬甘蔗渣來賺錢。從小學開始，每天放學回家，都要去黃昏市場買菜，我的錢只能買那些已經不新鮮、臭臭的魚和海鮮，回去刮魚鱗、殺魚、煎魚，我還要煮飯、養豬，那時候才小學四、五年級。有時候假日還要跟農婦到田裡去撿甘藷和稻米，這些辛苦的事情我都做過，所謂「英雄不怕出身低」，孔子說：「吾少也賤，故多能鄙事。」由於小時候的窮困生活，讓我學會了對環境的適應。

初中發生的一件事，一直讓我很感動，那時候升初中要考試，因為家境不好，繳不起補習費，我的小學老師蘇清宇老師告訴我：「你當班長，繳不起補習費沒關係，你負責管理好班級和教室，用工讀來抵你的補習費。」於是我不必繳補習費參加補習，之後在臺南縣北門區的兩、三千位考生當中，我考了第二名。北門中學當時是臺南縣最好的中學。

考上初中之後又有新的難題，家裡沒有錢給我繳學費，媽媽帶我去見校長，他也是我生命中的貴人——施金池校長，後來做過臺北市的教育局局長，也擔任過教育廳長、教育部常務次長。他很同情我是三級貧戶的小孩，他說：「吳清基，你是貧民，我可以減免你學雜費，但是你要用功一點，將來成績好可以領獎學金。」我第一次聽說讀書還可以領獎學金，於是更加用功。升上初中後我還是繼續擔任班長，我不斷學習服務和成長體驗。初中一年級結束時，我是全班第一名，領到第一筆獎學金五十元，是臺灣省教育廳給我的獎學金。我拿著一個紅袋子，裡面裝了五十元，回家交給媽媽。她含著眼淚，雙手顫抖地接下這五十元。

我知道五十元是媽媽做工一個星期的工資，但她的感受並不是有這五十元之後，可以在家休息一星期，母親還是天天到田裡工作。她的感動是：「我的孩子有這種表現，我再怎麼辛苦都值得！我為孩子全心付出，因為我對孩子有期望。」我當時就發現，獎學金對一個孩子而言不只是物質上的獎勵而已，它更是一種希望的寄託、家庭的慰藉。因此，我立下一個誓言，如果哪一天我有能力、有機會，一定要回故鄉設立獎學金回饋社區、回饋故鄉的孩子。

一九八五年，我獲得國家博士之後，立刻以母親的名義，為我故鄉的小學設「吳林盡孝勤清寒獎學金」。另外，我以班長身分發動「北門中學十八屆高三丁獎學金」，在母校設獎學金，每年以七、八萬元回饋北門中學。後來，施金池校長七十歲退休後，我發動北門中學十八屆的校友成立「施金池校長師生獎學金」，籌募三百萬元給母校當基金。二〇〇二年，國民黨徵召我參選臺南縣縣長，落選後我把政黨補助款大約七百萬元，再加上朋友募款，籌募一千萬元設立「吳林盡教育基金會」，以實際行動還願、回饋給故鄉的孩子。

幾年前，我回臺南縣頒獎學金，有一位嘉義大學教育系的學生走到我面前，他爸爸跟在他的後面，這位大一學生告訴我說：「謝謝吳副市長給我這份獎學金，我會好好努力，如果將來我有能力，我要學您一樣設獎學金。」當他說到會好好努力，將來要回饋的時候，他的爸爸在後面掉下眼淚，我當時也深受感動，表示這份獎學金已經激發出孩子力爭上游的原動力，父子之間的感情也會因為這份獎學金凝聚得更強。

孩子需要鼓勵，我和三個子女的互動也是如此。我有兩個女兒、一個兒子，事實上他們就讀的都是公立學校，不論是高中或大學，都進入他們想要的第一志願，大學畢業後也都在國內或赴美留學。三個孩子都沒有讓我操過心，而這功勞要歸於我的內人，她是一個國中老師，對孩子很有愛心，不只把別人的小孩教好，也把自己的孩子教得很好。她給孩子的是一種言教，我給孩子的則是一種身教。

我常說，父母是孩子一生的第一位老師，家庭也是孩子終身的避風港，如果父母的親職教育能夠重視孩子的學習成長，孩子就不會變壞，會很積極上進。我認為給孩子多一些關心、了解、幫助、尊重和鼓勵，孩子自然就會發展得很好。父母不論工作再怎麼忙，回家後一定要跟小孩互動，了解他的世界，用愉快的心情和孩子交談，讓他有自主、成長的機會，如果孩子表現得好，馬上給他稱讚和鼓勵。

人都需要掌聲，需要肯定！我從當公務員至今，沒有罵過部屬，我經常鼓勵部屬、稱讚部屬，讓大家互動良好。

人與人之間的倫理，一定要加上道德的規範才會圓滿。正確的倫理關係，我認為要從自己做起，再擴展到人與人組成的家庭、人與人組成的社會、人與人組成的整個國家，這種倫理關係事實上是由近到遠，隨時把別人看成跟自己一樣。

過去我們強調家庭倫理，強調夫妻、親子、兄弟姊妹，現在更要擴展到社會的倫理和自然的倫理。

我非常佩服法鼓山創辦人聖嚴法師提出的「心六倫運動」。如果大家可以一起來響應，這個社會一定會更溫馨、更祥和。心六倫是指由我們的心靈所建構的家庭倫理、生活倫理、校園倫理、自然倫理、職場倫理、族群倫理，包括的範圍比我們過去儒家所談到的五倫更周延。五倫強調君臣、父子、夫婦、兄弟和朋友，這樣的倫理關係在傳統社會似乎已經足夠，但是在當前社會當中，人際關係涵蓋的層面非常寬廣複雜，必須要呼應社會的脈動來重新調整，所以法鼓山聖嚴法師提出的心六倫運動更多元，也更適合社會的需要。

我認為每個人都要守本分、盡責任，為六倫付出，不要只顧自己的利益。我們在自己努力的同時，也要關心別人、尊重他人。所以一味地努力貪求爭取，這不是倫理，服務奉獻才是倫理的價值。

以族群倫理來說，最重要的應該是不再撕裂族群，不再分本省、外省了，其實我們都是從大陸過來的，唐山過臺灣。國民中小學會念臺灣歷史、臺灣地理，是在一九九一年我當中教司司長的時候，當時教育部長郭為藩先生提出來的。他說看到《天下》雜誌出版的「認識臺灣」系列，了解我們中國人第一盞燈是設在臺北市的大稻埕，而不是在上海；中國人第一條鐵路是從基隆到新竹，由劉銘傳興建，而不是在詹天佑的張家口。臺灣有許多世界第一，但沒有人知道，我覺得很慚愧，所以當時郭部長指示我，想辦法把臺灣歷史、地理放進國民中小學的教育課程。因此，愛臺灣不是哪個政黨的專利，每一個政黨、每一個人都要愛臺灣，族群不要互相仇恨，大家要互相尊重。

教育是國家最有利的投資，也是決定國家競爭力的重要指標。

我是教育界的老兵，多年來從沒有離開教育。我一直在想，如何為國家的教育來擔綱、做更多的事情。思索了很久，我認為重點應該放在提供孩子一個優質的教育環境，讓孩子可以快樂學習成長，同時培養社會的好國民、世界的好公民，讓國家更有競爭力，讓人民的生活更美好。

我們要努力從各階段讓孩子的教育發展都能達成目標，像學前教育、幼兒教育階段，讓孩子可以健康幸福地成長，不要給他過度的、制式的學習。國小階段，讓學生能夠活潑、快樂地學習。國中階段，有多元、適性的發展，把性向找出來，讓他快樂學習、成長。高中、高職階段，強調學生通識教育的啟迪，尤其職業學校應強調能力本位的教育。大學階段，則是專門知識學習的養成，技專校院的學生，有專精技能的學習。研究所是高深學術、養成獨立研究。社會成人要建立一個終身學習的環境，時時可學習、處處可學習、人人都要學習。最近我們又關心一個主題，就是新移民子女的教育，新移民父母文化適應、基本能力的學習。

教育是多元的、全面的，如何把學校教育做好，把家庭親子教育做好，社會教育也打造得完美，三位一體，這樣的教育就會有競爭力。

之前教育部推動的「有品運動」除了品德教育之外，強調的是藝術扎根、終身閱讀教育，還有環境永續的教育，它把品德教育和另外三者綁在一起，強調品德、品質、品味。結果社會關注的焦點是教育部編了八、九億元就為了品德教育，強調品德教育還要花錢嗎？我接任教育部長之後，把品德教育、藝術扎根教育、終身閱讀教育和環境永續教育各個重點工作回歸各個主責單位，使得焦點不再模糊。

品德教育很重要，如果品格教育做得好，社會犯罪自然會減少，法務部也不必一年花一百億為六萬個受刑人做重新補救品格的工作。因此，源頭很重要，學校教育做好很重要，我也呼籲社會，大家做學生的典範與榜樣，把孩子教好。

我在擔任臺北市教育局長時，將五月份定為「孝親月」，每班表揚一位孝親楷模和禮儀楷模，希望孩子重視品德，能夠孝順父母。九月份則定為「敬師月」，希望學生能夠尊敬老師。有些媒體問我：「你當部長之後，最想做的事情是什麼？」我的回答是：「品德教育是我的優先選項。」

我非常希望在校園內推動孝道、弘揚師道。「百善孝為先」，能夠孝順父母，就會尊敬長上，並且會感恩惜福，努力上進。學生懂得敬師，就會珍惜學習的機會，充實自我來提昇自己。「孝道」和「師道」是我所強調的品德教育裡面的核心內涵。

今天社會，我們固然給孩子知識，更重要的是品德。我曾經和一些大學校長們討論過兩岸的大學如果開放學生來往、學習，我們的競爭條件在哪裡？除了臺灣的大學教授師資整齊，學習條件和環境較好之外，臺灣社會多元、開放，孩子的創造力、創意比較多，這些是我們的優勢。最重要的是臺灣的道德教育，臺灣對中國文化傳統儒家思想的保存，是在大陸比較不容易學習到的。所以陸生到臺灣，學到了知識，學到了臺灣的創意，更可以學到了臺灣的道德。大陸民眾上車排隊的習慣還待加強，臺灣坐捷運，則每個人幾乎都會讓位。因此，只要把道德做好，社會就會向上提昇。

教育部於二〇〇四年訂定「品德教育促進的方案」，希望以五年時間，積極推動、延續、深化、普及化品德教育。二〇〇九年，我們更修正為多元教學，提供學生一個典範學習的機會，由思辨、啟發、勸勉、激勵，從做中學來提昇自我期許。

此外，許多先進國家均訂有祖父母節，所以建議將八月份的最後一個星期天定為祖父母節。因為九月一日是開學日，在陪孩子上學前一天或前一個禮拜，全家一起來慶祝祖父母節，應該非常適合。

今天我們的國家社會，就是需要多一點孝道、多一點道德、多一點倫理的關懷。相信有願就有力，有此願景，讓我們一起來努力！

危機就是轉機

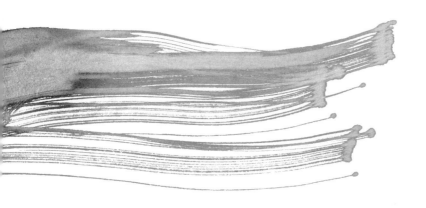

呂學錦

成功大學工程科學系畢業，夏威夷大學電機工程博士學位。曾擔任交通部電信研究所計畫主持人、主任、副所長、所長等職位，一九九三年五月奉派轉任交通部郵電司司長，隔年七月擔任電信總局副局長。一九九六年七月一日電信總局改制，成立中華電信股份有限公司，被指派為中華電信總經理，負責推動電信業務之發展，並配合政府電信自由化政策，參與推動中華電信民營化的各項工作，在二〇〇五年八月中華電信順利轉型為民營公司，二〇〇八年八月陞任為董事長。

我經常勉勵中華電信員工，工作時不把工作看作在替別人做事，而當成是自己的事業，心態就會完全改變，會更願意全心付出和盡力做到最好。

工作觀念是行動的基石，所以非常重要。中華電信連續兩年榮獲「遠見企業社會責任獎」的「服務業組楷模獎」，我想也是因為大家有共識，可以凝視著相同的方向，往前邁進。

企業經營講求績效，這是最基本要求。中華電信在正派經營的原則下，服務客戶、創造利潤。

在服務客戶方面，創造客戶的價值；我們創造利潤，並且適當地回饋給同仁，也把利潤分享給股東，創造股東的價值。另外，我們誠實納稅，充實政府財政，並且回饋社會、注重環保，尤其在現階段非常重視節能減碳。

在回饋社會方面，為了集中資源，中華電信成立了中華電信基金會。這個基金會著重在處理數位落差問題。針對偏遠地區，延伸我們的服務，藉由「數位好厝邊」方案來幫助偏遠地區或者是弱勢團體，創造數位機會。

臺灣近年來天然災害頻傳，中華電信同仁的因應方式可以分為事前預防和事後處理。我們根據颱風預報，事先採取防範措施減少災損。一旦天災發生時，由於同仁已經非常清楚當地狀況，並且主動地在第一時間進行勘災、搶修設施的動作，以盡快恢復通訊。當災害發生時，民眾不管在災區裡面或災區外面，都非常關切災害的情況，想知道自己的親朋好友是否平安，所以讓民眾可以保持良好的通訊，是非常重要的。

歷年來，比較嚴重的災害通常會造成山崩、橋斷、路塌，電纜或光纜常會因此被拉斷。一旦電纜或光纜被拉斷，該地區就如同孤島。所謂「孤島」，有對外交通中斷的孤島，也有對外通訊聯絡中斷的通訊孤島，我們會採取幾個重要步驟來處理這些狀況。

第一，調度衛星電話，利用各種可能的方式，包括涉水、翻山越嶺，把衛星電話送到災區，或是請軍方支援直升機，把衛星電話送到需要通訊聯絡的孤島，讓災民可以對外聯絡。

由於行動電話非常普及，中華電信會設法在最短時間內搶修行動電話基地台，或把移動式的基地台開到最前線。只要道路可以通，我們就把移動基地台開到距離現場最接近的位置。例如，當我們發現前面有個部落，但路已經坍塌無法通行時，我們就會選擇一個可以從所在位置看得到那個部落的地方，把天線的方向對向那個部落，只要該處有電波涵蓋，手機就可以接通。八八水災之後，高雄地區有幾個地方，就是用這個方式盡快地讓電信恢復。

另外，不管是山崩、橋斷、路塌，如果電纜被拉斷，我們會盡快以人工布放臨時光纜或電纜，沿著路邊或山邊布放。中華電信同仁都很主動、積極，有時必須冒險把電纜接通，接通以後，機房就可以和外部通訊連結起來。大型災害發生時，供電中斷是很普遍的現象，如果需要送電、送發電機所需要的油，或者是小型的拖車發電機，我們就會送進去，讓電力可以因應。

我們有一整套救災、防災的標準作業程序。颱風警報一發布，就成立救災指揮中心，照表操課。需要檢查的，尤其是近年來颱風挾帶的豪雨很大，經常引起山洪暴發、淹水，機房的機器設備都在地下室，就必須去檢查油料能夠使用幾天，以及萬一停電需要使用發電機時，油料儲備夠不夠？其次，最好不要讓設備淹水，沙包、防水措施是不是考慮周到？

我們所做的努力沒有白費，很高興經常聽見災區民眾說，中華電信是第一個到災區救援、恢復電信服務的公司。有時候在電力還沒恢復時，電信就已先恢復了。

像八八水災，林邊淹水，由於淹水速度很快，我們同仁當天下午調度發電機、拖車發電機，準備相關的器具。本來希望晚上把一個基地台救起來，讓林邊地區恢復通訊，當我們的移動基地台已經開到當地的前進指揮中心，可是風雨實在太大，大家忙了一個晚上直到清晨五點鐘，才終於把微波電路建立起來，恢復通話。此外，還有同仁在半夜準備送小型發電機到機房或另外一個基地台上時，由於有一個基地台位在十二樓，我們一直拜託軍方，用橡皮艇把一個大約二十公斤重的小發電機，送到基地台的位置，同仁再摸黑爬樓梯，把發電機扛到十二樓去，因此一大早基地就恢復通訊了。中華電信同仁就是這麼可愛、這麼令人感動。

在高雄縣偏遠山區的路段，很多同仁都是在地的民眾，他們了解地形，這條路不通，可以從另一條路迂迴過去。所以光纜被拉斷以後，有的同仁就利用他所知道的地形、道路，迂迴地把光纜從另外一頭拉過來，如此就把孤島的機房接出去了。

還有在災害發生之後，我們通常都會在災區的一個據點提供免費電話給民眾使用，因為有的家庭沒有電，無法對外聯繫，我們的臨時電話讓他們可以報平安。

另外一個服務是，同仁準備小發電機，提供給民眾手機充電服務，此項服務很受災民歡迎。由於充電要幾個小時，我們同仁會在那裡幫民眾管理電池，讓他們放心去做別的事情。

我在林邊了解搶修情形時想到，現在每個家庭都有發電機，如果有一輛車子，車子裡面的點菸器就是一個發電機的插座，如果手機的充電器能製作成標準規格，並且能夠在汽車上使用，遇到電力中斷時即可利用汽車充電。因此後來我在一場電信研討會中，提出了充電器標準化的議題，獲得很多回響，one for all 的充電器一旦實施，不只災害時大家可以很方便地運用自己的汽車充電，還可以減少製造很多手機充電器，這也是一種環保，家裡就不必準備各種不同類型、大大小小的充電器。

不看輕自己，即使職位再低，也要做個有用的「螺絲釘」，能在服務奉獻中成就他人，在努力工作中實現自我，就是成功。

我常提醒同仁，中華電信是服務事業，服務事業面對客戶要注重品質，對於品質我們絕不打折。品質分為網路品質和服務品質兩方面，網路品質就是我們網路的建設，像行動電話涵蓋要好、訊號強度要夠，我們甚至要求涵蓋不能有死角。在服務方面，我們現在推動一個要讓客戶感動的方案，稱為「感動服務」，服務工作如果真正做得好，會令人感動，這是一個更高境界的追求。

我們碰到問題，一定要能在第一時間就重視它，用正面的態度來看待事情。這個態度很重要。如同法鼓山創辦人聖嚴法師提倡的「四它」：面對它、接受它、處理它、放下它，我們處理問題，即是在第一時間以正面的角度看待，然後面對它、接受它、處理它，若處理它處理得很好，就可以放下它。

有時候抱怨也會帶來機會。面對抱怨，如果很正面地去處理，說不定解決了抱怨，還可以產生出一個新的業務，這對企業生存是有契機的。

我們客服中心有兩、三千位同仁，二十四小時提供服務。大部分問題在民眾與客服人員對談中已獲得解決。客服會有二線，第二線處理技術性、比較困難的問題，或者第一線客服人員在處理一段時間之後，發現需要後線幫忙就會轉到二線，由二線同仁繼續處理；如果還是無法處理，我們先記錄下來，下線後再做處理。

舉個例子，我們的電子信箱業務，現在因為容量愈來愈大，什麼資料都有，包括兒童不宜的資料也會進來，我們雖做了過濾信件的努力，但是仍然做得不夠。後來有一位客戶提出嚴格要求，我們很感謝他的要求，於是開發出另一個可以嚴格過濾這些內容的機制，防治不良內容的進入，成為電子信箱另一種新的服務。

中華電信工會自主性一向很高，工會的會員都是公司同仁，經營團隊照顧同仁權益是天經地義的事情，如果經營團隊將員工權益照顧得很好，工會其實不必做很多事情，這是我最基本的信念。大家現在都努力拚業績，因為競爭非常激烈，事業經營得好，員工權益的保障會更穩當，我們是在這樣的理念和彼此的信賴上，朝此方向努力。

中華電信由國營事業轉為民營企業，在發展過程中，建立了健全的人事制度、內部的內控制度及採購制度，大家分層負責，自動自發。

我常常和同仁分享的一句話就是，在中華電信工作，對於很多同仁來說，都是在做人生意義的追求以及自我實現。很多同仁在地方上都成為意見領袖，也具有一定影響力，這樣發展下來，同仁追求的是自我實現，已經提昇到幾乎是最上層的價值追求。因此，同仁自動自發的精神非常強烈，例如早期在面對競爭的時候，大家會認為，主動推銷公司產品是一項榮譽。這是因為他們了解到公司的產品的確很好，所以很主動、很樂意跟朋友分享，如此自然有助於我們整體績效的提昇。

制度非常重要，責任和工作的分派需要靠制度推展。制度已經行之有年，大家非常清楚制度而且能夠自動自發，不需要一個命令、一個動作，因為等到一個命令才會有一個動作，都已經太慢了，尤其在處理抱怨時，應該要立即反應。

此外，內控制度很重要。內控制度就像我們血液裡面有紅血球、白血球一樣，紅血球和白血球是同時存在、同時運作的。企業經營也是如此，業務推展，就像紅血球要輸送養分，讓人能健康成長；白血球也要看看有沒有需要去戰鬥的地方，清除一些不好的東西，兩項行動是同時存在、同時運作的，這樣的話就會很健全。

我的人生態度是盡量充實自己，不斷地學習，並且好好地對待別人。很多事情都需要學習，包括中華電信公司化以後，立即面臨激烈競爭，怎麼去面對競爭？我都是在做中學。當然用人哲學很重要，要善用同仁的優點，讓大家發揮長處，給他們肯定，群策群力，這樣企業就能日漸茁壯發展。

我在中華電信服務已經超過三十年了，非常感恩有機會能夠不斷接受挑戰。向困難挑戰，其實是向自己挑戰，能一鼓作氣通過考驗，人生才能從突破創新中獲得無限的可能。

利他便是利己

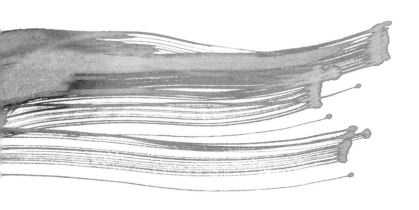

李伸一

臺灣大學法律系畢業，中國文化大學法學博士。曾任律師、中華民國消費者文教基金會董事長、行政院公平交易委員會委員、第二、三屆監察委員、政治大學、中國文化大學兼任副教授。現為法鼓山人文社會基金會祕書長、建業法律事務所榮譽所長。

我的一生和公益事業有不解之緣，主要是受到媽媽的影響。小時候，媽媽常常告訴我，長大成人後要樂於助人，而且她也以身作則，只要能力所及，總是盡量幫助別人，她常說：「要做善事才有好報。」我一直牢記媽媽的這番話，長大後很自然地就往這方面努力。

在第二次世界大戰期間，我爸爸被日軍徵調到南洋，之後即音訊全無，家裡全靠媽媽獨撐大局，她咬牙挑起生活重擔，盡心養育、栽培兩位姊姊和我，但一個女人帶著三個孩子，生活辛苦自然不在話下。因為爸爸不在身旁的關係，媽媽只好白天種田，晚上幫人縫補衣服，貼補家用。那時候我們和伯伯以及堂兄們住在一起，算是個大家庭，但我卻有種寄人籬下的感覺。

我們家族有一個果園，有一年夏天，龍眼正好成熟，我和堂兄們一起到果園去採龍眼，由於我當時的年紀還很小，無法爬樹，只能在樹下等堂哥他們從樹上丟幾顆龍眼下來給我，沒想到他們一面嬉笑、一面把吃剩的龍眼子故意丟在我頭上戲弄我。我不僅沒吃到龍眼，反而被龍眼子丟了滿頭，讓我的眼淚不禁奪眶而出。由於受到很大的委屈，我一路哭著跑回家，媽媽見狀，把我抱進懷裡，不捨地流著眼淚安慰我說：「別人敢欺負我們，是因為你的爸爸不在了，往後也不會有人可以讓我們依靠，所以我們只能靠自己了。只有勝過別人，才不會受人欺負。像我們這種人家，如果不好好讀書，就無法出人頭地，只會永遠被人欺負。」媽媽勉勵我要好好用功讀書，將來成為一個有用的人。她並態度嚴正地提醒我，一旦成為社會上有用的人，一定要記得幫助別人，絕對不可以欺負別人。

我從小就是個聽話的小孩，媽媽的教誨一直深印在我的腦海中，成為我做事的指針，長大後我幾乎一生都在從事社會公益活動，媽媽可以說是主要的推手。

一九八〇年，我在擔任臺北青商會會長時，臺灣發生了多氯聯苯事件，臺中地區有近四千位多氯聯苯的受害者，多氯聯苯號稱「世紀之毒」，這些受害者們卻求助無門，他們不僅經濟貧困，也是社會的弱勢族群，不知道要如何保護自己的權益。看到這種情況，讓我感觸良多，所以決定站出來幫助這些弱勢族群。經過審慎思考後，除了提供他們司法及醫療協助外，我決定發起消費者保護運動，並且努力克服各種困難，後來終於順利成立了消費者文教基金會。

當時臺灣還在戒嚴時期，籌組消基會時可說是處處碰壁，如果意志不夠堅定，很可能就此打退堂鼓。我記得當時碰到的第一個難題是申請成立時的障礙，因為依照當時「動員時期人民團體組織法」規定，全國性的社團組織只能有一個，而那時候已經有「消費者協會」的成立，消基會不能成立社團法人，所以改成「財團法人」。而設立財團法人就必須募款，募款工作又非常困難，等到籌募到規定的一百萬之後，向內政部申請成立時又被打回票，因為有一位資深立法委員大力杯葛，認為我們這個團體是「非法組織」，執意要求內政部不准我們成立。撞到牆壁時只能設法轉彎，於是改向教育部申請設立，不料教育部也駁回申請，幸好有貴人相助，當時教育部施啟揚政務次長是我的博士論文指導教授，我向他求救，施次長答應從旁協助，消基會才得以順利成立。

基金會原來的全名是「財團法人中華民國消費者基金會」，其中沒有文教兩個字，為了配合教育部的規定，我們就將消基會名稱改為「財團法人中華民國消費者文教基金會」，加上「文教」兩個字。

我一直非常感激恩師施啟揚次長的協助，如果沒有他伸出援手，可能就沒有今天的消基會。雖然籌組過程困難重重，但一路走來也獲得許多助緣，消基會就這麼一步一腳印從設立到逐漸茁壯成長。

舉例來說，消基會為維持獨立運作而保持超然公正的立場，不接受企業的捐款，基金會的開支主要靠發行《消費者報導》雜誌的訂閱經費和民眾的小額捐款因應，但這些收入有限，消基會成立不久即面臨財務的困境。

正在一籌莫展之際，演藝界獲知這個消息後，不少人表示關心，並決心採取實際行動來幫忙消基會，他們認定並且支持消基會推動的消費者保護運動，所以演藝界許許多多知名歌手和作詞、作曲家團結合作，共同創作了一首〈明天會更好〉的歌曲。這首〈明天會更好〉的版稅幫助消基會籌募到七百多萬，七百多萬在一九七〇年代時，是一筆非常大的數字。我們在感恩之餘，也善用這筆捐款，購置了消基會的永久會所，並展開更積極的作為，為消費者權益把關。因此，我非常感謝那時候所有參與的歌手，沒有他們，也就沒有今天的消基會。

消基會成立之後，因為要保護消費者權益，自然會對一些廠商或業者的產品進行把關，我們經常揭發市面上的偽劣商品，這對那些不肖廠商無疑是個重擊，也直接影響到業者的生計，所以阻力和壓力也特別的多。

具體來說，常有廠商不滿我們的調查報告、指責我們的檢驗不實，並且到法院按鈴申告，所以在那段期間，我總是「官司纏身」。

我印象很深刻的是一件「麻油官司」，那家公司業者強調賣的是純麻油，結果我們發現，這家公司在市面上出售的根本是混合油，經查證屬實後，消基會即對外發布消息，提醒消費者注意，此舉招致這家廠商的極度不滿，業者立即對我提出毀謗的告訴，同時要求損害賠償，另外也要求不能讓消基會擁有檢驗權。最後法院的認定結果，證實我們檢驗結果沒有錯。因為這家廠商採取「偷天換日」的手法，在產品出廠前，把純麻油的產品送至商品檢驗局檢驗，取得合格證明，然而當產品正式上市以後，業者為了獲取暴利，以混合油冒充純麻油販售，並大力行銷，造成許多消費者受騙上當。消基會公布此家業者的惡劣行徑後，他就把原來的檢驗報告拿來搪塞，做為抗辯的藉口，行徑非常不道德，還好真理不容抹殺。儘管我常被廠商威脅利誘，或是向法院提告，我都無懼這些壓力，並能安然度過。

還有一件事情至今仍記憶猶新，那是一九八六年，日亞航以老舊飛機飛航臺灣和日本航線，當時那條航線屬於「黃金航線」，載客率超過百分之九十，可說是一條非常賺錢的航線，業者卻拿十七年以上的老舊飛機載客，老飛機非常危險，容易發生金屬疲勞，導致飛機失事。因此，消基會在調查清楚之後，即要求日亞航更換老舊飛機，以維護旅客安全。

不過，業者對於消基會的訴求竟然置之不理，日亞航認為他們的服務品質非常好，我們和日亞航溝通無效之後，決定採取抵制行動，這項行動不但獲得臺灣民眾的支持，居然連日本的消費者團體也來聲援我們，一起加入抵制行動。沒有料到，日亞航竟然透過日本政府來向我們政府交涉，認為抵制行動會影響臺灣與日本兩國關係，要求我方政府對消基會施壓，強迫我們不能抵制。雖然日亞航的作風十分囂張，但是我們仍然不屈不撓地據理力爭。

幸虧當時副總統李登輝先生很了解消費者文教基金會的做法，所以李登輝正告日本外交單位，強調消基會這些年輕人是真正在保護消費者，不能對我們施壓，要求日方好好跟我們討論。最後，日亞航終於低頭，更換了老舊飛機。

在私領域方面，我努力扮演好每個角色。我雖然已經升格為祖父，精力依然充沛，還可以做很多公益活動。我堅持一個信念，要做孩子的表率。當我的小孩子還小、正在求學階段，我因為白天比較忙，並且從事一些社會工作，經常忙到很晚才回到家，那時小孩子多半都已經睡覺了。所以我都特別早起，利用早上時間和孩子們相處。我早起的方法，就是請送報生早上五點半就送報紙給我，然後按我的門鈴。我五點半起來之後，可以準備一些事情，再負責叫醒孩子，和他們一起吃早餐，討論學校的功課，送他們到學校，然後我再去忙我的工作。這種父子相處模式，孩子也覺得不錯。

對於家庭，我認為要真誠、要用心，同時要信賴、要相信。在職場方面，我的信念也是一樣，要真誠對待部屬，並且信賴部屬，疑人不用，用人不疑，既然用了這些人，就要相信他們，要讓他們發揮才幹。這幾十年來，我和一起共事的一些朋友、同事之間，都相處得非常融洽。

做公益不但要出錢出力，還要忍受寂寞、承擔壓力，我能夠一路走來，始終甘之如飴，除了是受到媽媽的影響之外，法鼓山創辦人聖嚴法師也是我的生命導師。聖嚴師父常說，用利他的心來做事，終究會回饋到自己，這種信念一直在我腦海中。我一直以「做好事不求回報」的心，來從事公益，確實也獲得很多的善緣，讓我結交了很多有才幹的好人，得到很多的福報。

在混亂的時代，更需要倫理的思維與修持，因為目前在人與人的交往、人與自然的相處關係，都缺乏道德的觀念和倫理的思想。所以我們應該要從根做起，讓大家具有倫理的觀念，例如在二〇〇四年，聖嚴師父在聯合國哈瑪紹紀念堂（Dag Hammarskjold Library Auditorium）提到全球倫理以後，便得到很大的回響。

聖嚴師父回國以後，便開始推動心六倫，他同時指示人文社會基金會全力推動心六倫，因此，人基會全以力赴，希望把影響層面如漣漪般不斷擴大。心六倫主要的內容包括：家庭倫理、生活倫理、校園倫理、自然倫理、職場倫理、族群倫理，如果說這些倫理都做得到、做得好的話，社會一定會和諧幸福，人的品質一定會提昇，我相信「心六倫」經過十年的推動，一定是會有豐碩的成果。推動至今，我們也已經獲得了一些成績，包括教育部也響應推動「臺灣有品運動」，法務部也在各矯正機構推動「心六倫」和生命教育，很多學校和機關團體紛紛邀請我們演講，或是希望我們把倫理相關資料提供給他們。由此可見，社會上已經普遍開始重視倫理的觀念，這對我們是很大的鼓勵。

我們推動「心六倫」的步驟包括：印製相關宣傳手冊和出版倫理方面書籍，例如《從小學習做好人》這本書，便很適合給父母和小朋友閱讀；法鼓山人基會計畫在大學的通識課程中，推動有關倫理的教育。另一方面，我們邀請一些代言人宣導「心六倫」的重要，經由大眾媒體的傳播，已經收到一定的效果。其次，我們成立「心劇團」，透過戲劇的方式，推廣倫理的觀念。此外，因應各方邀請我們宣講「心六倫」的意義與實踐，人基會已經培訓兩期心六倫種子教師，透過他們把倫理的教育傳播出去。另外，我們也成立「關懷專線」，由義工每天值班，對心靈受到創傷的民眾提供電話諮詢和心理輔導的服務。

推動心六倫，我們目前的作法是將「心六倫」寫出來、做出來、唱出來、演出來，以各種型式來表達，與社會做一個連結，讓大家知道倫理的重要性，以及實踐的方法。在經過一系列的推廣工作之後，我相信必會獲得很大的成果。

人人都是人才

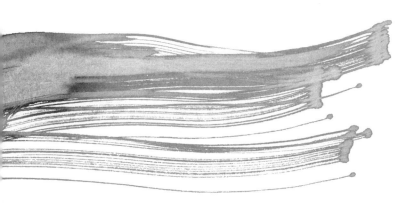

杜忠誥

當代書法名家。臺中師專畢業，日本筑波大學藝術學碩士，臺灣師範大學文學士及文學博士，前臺灣師範大學副教授。其在書藝領域造詣深厚，書法作品曾獲省展永久免審查、中山文藝獎、吳三連文藝獎及國家文藝獎。著作有《書道技法123》、《說文篆文訛形釋例》、《研農心象——杜忠誥書藝選集》、《符號．氣韻．游戲——杜忠誥六十書法集》、《池邊影事》、《線條在說話》、書法教學 DVD 等。

我寫書法、從事學術和走上傳統文化研究這條道路，和我的家庭幾乎沒什麼特別關係，因為我的父母並不識字，而五、六代以上的先祖也幾乎都沒念過書。小時候，家裡連一本經典的書籍也沒有，也許因為這個緣故，我特別對天地間的知識和真理感到好奇，並熱烈的追求，目前我還保留了一本小學時代的數學參考書，還有幾本初中國文課本。

有些朋友初見我的名字，都誤以為我來自書香世家，因為杜忠誥的「誥」字，只有在《詩經》、《易經》和《三字經》中出現，沒有接觸到這些古籍自然不會認識「誥」字，然而我的父母不識字，所以我認為這個名字是老天賜的。

事實上，我媽媽幫我取的名字是「中靠」。我是我媽媽在前夫亡故後再嫁，跟我爸爸所生的第一個孩子。依當時習俗，女人再嫁，如果有生孩子，這個婚姻是比較可靠的，因此對我的降臨感到滿心歡喜。報戶口時，我因為已有一個同母異父的哥哥，所以是中，媽媽認為生了我以後就有了依靠，所以就叫「中靠」。按照我媽媽的本意，我的本名應該叫作「杜中靠」，我想戶政事務所的人應該讀過一些古書，可能由於「誥」和「靠」的臺語同音，讀起來比較文雅；而「中」太單薄了，因此就幫我加個「心」，改名為「杜忠誥」，看起來，這個名字好像是那個戶政事務所的人幫我取的，事實上，我一直相信這是我的命格，就是「命中有時終須有，命中無時莫強求」。我的人生發展好像都在傳道、勸善，剛好和「盡己之謂忠」的「忠」字呼應。而誥，甲骨文中的「誥」是上面一個「言」，下面有兩隻手，像似以手捧著語言，是「贈人以言」的意思，利用語言勸人做好事。我認為這個名字是老天賜給我的，因為這名字和我平生的所作所為相當切合。

我會走上文化工作這條路，是因為父母讓我自由發展，我由衷地感激他們讓我「自生自滅」，一般人可能認為這是反諷，可是對於他們從未干擾甚至扭曲我的求學之路，我是真正的感恩！所謂「自生自滅」，正因為他們不懂得教育的原理，可是他們也有民間的教育方式。像我媽媽雖然沒有讀過書，可是她做事非常明快，講話鏗鏘有力，鄉間有一些男人之間發生的糾紛，都請她出面處理，她就是有那種裁決力。我從小看著她替人排解糾紛，心裡早就認定「有理走遍天下，無理寸步難行」，這讓我至少不敢為非作歹，也不會向下沉淪，這一點是媽媽對我最大的影響。

至於我爸爸，他很勤奮地種田，也很會插秧，還精於竹編手藝，一般人都要用工具才能把秧苗插得行列平直，可是我的爸爸能憑目視，兩眼一看就可以插得又直又準，因此他在鄉下是「插秧專家」。他還包工程、組插秧隊到南部去幫忙插秧，賺了不少錢。可是他喜歡賭博，賺的錢幾乎都在賭場輸光了。父親賺得愈多，就賭得愈兇，所以他是一個不太負家庭責任的男人。

因為父親好賭，我從小就警覺到這是一個沒有希望的環境，但因為年紀小，所以沒有辦法改變。有時候常有一些賭徒會來邀他聚賭，我很想出面阻止，但是我不敢，因為這麼做一定會被爸爸毒打一頓，只能暗地裡詛咒前來邀賭的人。不過，我很小就知道，如果自己不努力，我的家庭是不會帶給我什麼希望的。也因為如此，我從小學一、二年級就很用功讀書，成績始終保持在班上的前幾名。

初中畢業時，母親告訴我，如果我考上免學費的學校，就讓我念書，否則家裡正缺人手，要留在家裡幫忙。當時公費學校只有師範和師專，所以我去參加師專聯考，考了最低錄取分數的最後一名，口試那一關還要刷掉一些筆試錄取的學生。因此，我有強烈危機感，如果我口試被刷掉，豈不就沒路可走了？所以，我回母校北斗中學去找其他師範學校的報名表，甚至還跑到偏遠地區去報考，因為考上的機會可能高一點。結果新竹師範和臺中師專兩所學校都錄取了，在師長的分析和建議下，我選擇讀師專。

就讀師專才是我坎坷人生的開始。因為拿到師專的畢業證書，要先服務五年，在服務期間不能考大學。但師範等同高中，可以憑著畢業證書報考大學。師專生簡直被體制封死了，但也因為這樣，把我內在的生命力都激發出來。我四十歲才到日本筑波大學攻讀藝術學碩士，然後再就讀師大國文研究所，直到五十四歲才完成博士學位，此時早已是一個白髮皤皤的頑固老人。

我接觸書法的機緣是偶然的，也是必然的。國畫是師專一年級的必修課程，畫完國畫需要落款，而落款必須用毛筆，但是我的字簡直像鬼畫符般無法入目，我心裡清楚這筆爛字是過不了關的，但知恥近乎勇，我開始發憤臨帖練字，書畫並進。

我的書畫啟蒙老師是呂佛庭先生。呂老師在大陸、河南、重慶都負有盛名，來臺灣後沒有結婚，所以呂老師都把學生當成自己的孩子看待。碰到用功的學生，他就知無不言、言無不盡，非常照顧。我很幸運，因為有名師指導，加上自己有興趣，經過數年苦練，到了師專四年級的時候，就有書法和國畫作品各一件入選全省美展。對我們這種鄉下孩子來說，確實是一種很大的鼓勵。

師專畢業前，學校辦環島旅行，安排我們到全省各地教學觀摩，歸來後，我一直在想，臺北是人文薈萃之地，畢業後應該到臺北發展。師專畢業分發時是按照學生在學成績依序填志願，我的功課成績排在前面，所以如願分發臺北任教。到了臺北以後，我如魚得水 眼界大開，四處參觀和接觸書法展、藝術展，對自己比較欣賞的前輩都會格外留意其動向，並且展開了求師訪藝的過程。

我的機緣很好，當年大陸許多書畫名家均隨國民政府渡海來臺灣，所以我才有機會拜在王壯為、傅狷夫、謝宗安、姚夢谷、王愷和這麼多名家的門下，學習到各家書藝的絕活。

我很有老師緣，求學拜師過程十分順利，這些名師不但很高興地收我為徒，而且幾乎都是傾囊相授，因為那時候很少有年輕人像我這樣願意學習。他們縱然有渾身的絕學、渾身的工夫，也需要找人傳承下去，藝術的傳承很特別，不只是學生找老師，老師也在找學生。只要一個想學，一個想教，那就一拍即合。

每一個人都有其天賦，努力和資質都很重要。關於天賦，我摸索了很久。有人說我是天才，其實天才應該是指具有做一件事情，沒有達到自己滿意的理想狀態，絕不鬆手的那種個性的人。即使別人認為你已經做得夠好，自己卻還想要盡可能去努力，不到最後關頭絕不鬆懈。一般人對天才的定義認識不清，以為天才是生下來就很厲害，認為自己達不到這種境界，所以就輕易放棄了自己。其實我只是一個不放棄自己的人而已。我如果拿出剛學寫書法的字，相信沒有人會相信那是我寫的，因為字實在太醜了。我考慮在辦回顧展時，把我初學時寫的字秀出來，藉以打破「天才」的迷思。

其實，每個人都有天賦才能，只有高低，沒有有或無的問題。只要是人，絕對是人才，不管你成材不成材，就是有才。認清這一點很重要，如此就不會認為天才就是天生如此，看到別人有點成就、有點才華，就認為他是天才，卻不知道他私底下失敗了多少次。只要自己肯老實面對缺失而謀求改進，才華遲早會被人看見。反過來說，假如沒有這種不斷超越、自我改造、自我提昇、自我拉抬、自我完善的性格，絕對不可能有大成就。

我的字是練出來的。師專五年勤奮練習固然不用說，即便在軍中，沒有機會拿毛筆，也會利用時間「讀帖」，雖然只看不寫，也是頗有助益的。尤其退伍後回到南港在舊莊國小服務的五年間，大約就寫掉了一千多斤的舊報紙。自古物商手上買來，從每斤一塊半寫到每斤兩塊半。當時練字的墨汁，是到墨汁工廠去購買的，用汽油桶以加侖來計算，墨汁買來之後就加水沖淡，先用淡一點的墨寫在舊報紙上，練完後就往地上一丟，等乾了以後，再拿來用濃墨壓在上面寫第二遍；寫完又丟，乾後翻過來再寫。如果比較透水的，能用濃墨寫一遍，一份報紙可以寫三遍；如果紙質比較不吸墨，那就可以正反面都用，寫四遍。寫到甚至哪一家報社從哪天更換紙張，我都知道，真的很有意思。

所以我根本就不是天才，而是靠努力走過來的，我甚至愈來愈肯定：人生只有一條路，叫作修行。而修行只有四個字，「改過遷善」。發現自己有什麼負面的毛病、不理想的地方，盡量找出來，然後設法消除它，向更好的方向調整改善。世間各行各業，都是缺點少的勝出。

書法和修行有緊密的共通性，書法是將漢字符號、氣韻與遊戲三位融為一體的毛筆書寫活動。它具有不許塗改、不容描摹，並要求瞬間一次性完成的「不可逆」特性，這種藝術特質，和人類生命本身「無法再活一次」的存在本質有相契處。

毛筆在紙上運行是很有彈性的表現，「有」跟「無」、「黑」與「白」之間的變化有無窮的可能性。實際書寫時，你在寫左邊時，也需得照顧右邊；在寫上面時，又得照顧下面；寫下面時，還要照顧上面。還有第一個字寫成後，寫第二個字的時候，上下字還要相互關照。才能造成整體之間的和諧感。個別的筆畫要能夠帶勁，寫得有節奏感、有旋律、有美感，這是個體的生命。寫成一個字或一個偏旁，彼此不能靠得太緊，否則就像是狹心症，就沒有美感，如果拉得太開，又像心臟衰弱，整個字看起來就感覺鬆散，沒有精神。所以最理想的字際和人際關係，就是「不即不離」。「即」就是親近，「離」就是拉開，所以要搭配好。

我曾經在一個證婚的會場裡面，用五分鐘的簡報，將「好」字拆成「女」與「子」雙方，嘗試做了各種不同的組合寫法，用一個「好」字的書寫要領，來告訴新人夫妻相處之道以及共同經營婚姻的藝術。聽說過去內政部曾有替「新人」辦講習的構思，只要把我這個簡報拿去做教材，保證新人印象深刻。不只婚姻，一定對婚姻生活的美滿有所幫助。因此，練書法可以減低離婚率，促進家庭倫理的和諧。不只婚姻，任何個體跟群體的關係也是如此。

寫毛筆字，如果第一個字寫不好，你把那個字拿來跟你臨的帖做個對照比較，你一定會發現自己哪裡不好、哪裡需要改進。筆太重、太輕、太長、太短，都會造成打架。你找到了可以改進的點，不管找到幾個，你再寫一遍，這第二遍一定比第一遍好；寫了第二遍，兩帖再相互對照，找出缺點，再寫第三遍，第三遍又比第二遍好，這叫作「苟日新，日日新，又日新」，能這樣老實做工夫的人，一定會成功。不成功，便是老天無眼。

我曾寫過一篇文章〈走一條臨老不嘆的人生路〉，強調人生在世，有兩件事非面對不可：一是知識藝能的訓練，二是心靈生命的安頓。前者關係到謀生技能的養成，屬於物質生活層次；後者關係到自家性命的開顯，屬於精神生命層次。關於身心性命的安頓，也有兩個法則必須理會，一個是必然（因果）法則，亦即「種瓜得瓜，種豆得豆」的必然律；另一個是變動（因緣）法則，宇宙萬象及人間一切成就或敗壞，都不外是內在主觀因素加上外在客觀境緣，錯綜作用的結果。

明白因果法則，可以讓人戒慎恐懼，知所節制，不敢倚恃自己的財、勢、名、位而多行不義；了解變動的因緣法則，對於現實人生一切勝負得失，便不致太過執著。勝了固然不會驕矜自滿，敗了也不致灰心喪志，自能不卑不亢地坦然面對，把自己擺平了。

「臨老不嘆」有個典故，是明朝王陽明的弟子羅近溪的故事。羅氏年輕的時候，親族裡面有個長輩生病了，他和堂哥一起去探病。這個長輩一生都過得很平順得意，但看到這兩個同宗的晚輩來，卻頻頻嘆氣。羅近溪在回家的路上就納悶地問他堂哥，「這位族長平生享盡榮華，富貴如意，為何還要不斷嘆氣？堂哥你且說說，像我們現在這樣努力讀書，將來科舉及第從政做官，甚至當到宰相，臨終時，還會像族長這樣嘆氣嗎？」堂哥回答說：「恐怕難免吧！」羅近溪就說：「這樣不行，我們一定要找一條臨老不嘆的路來走。」羅近溪從此立定志向，求道德，重修行。後來，果然成了一代大儒。

什麼是臨老不嘆的路呢？是安心的事才做，不安心的事絕對不做，如此一來，嘆氣的機會、後悔的機會自然就會減少。總歸一句話，人生只有一條路，那就是「修行」，知病去病，不斷在自我的「修」正涵養中前「行」。古德說得好：「但自懷中解垢衣，誰能向外誇精進？」當身心的負面習氣抖落一分，內在性體的圓明就增加一分，同時自家無盡的般若正智便開顯一分。

選擇過有價值的人生

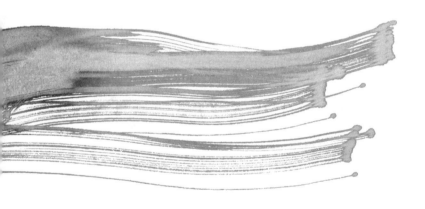

沈赫哲

臺灣大學醫學系畢業，有補教界金童之稱，赫哲補習班創辦人，是補習界的名師。

外祖母和父親是我成長過程中最感謝的兩個人，我可以說是被外祖母扶養長大的，因為我媽媽原本家住嘉北迪化街，後來嫁到嘉義的鄉下，爸爸在我小學三年級的時候，就讓我來臺北念書，並借住在外祖母家。我和我外祖母的感情非常深厚，她就像是我的母親，而我像是她最小的兒子。她帶給我這一生最重要的影響，就是謙卑待人。印象中，外婆好像從來沒有對人說過任何一句不好的話。

至於我的父親，他一直很尊重我的選擇，即使我的選擇是錯誤的時候，也是一樣。父親因為色盲，沒有辦法當醫生，這件事成為他一生最大的遺憾，所以他把希望都寄託在我的身上。等我進了建中讀書之後才了解，父親為什麼在我還沒上小學的時候，就經常帶我到眼鏡行去看色盲圖片，他要確定我不是色盲，因為他很怕色盲會遺傳。

不過，我從臺大醫學系畢業後，決定棄醫轉而從事教育事業時，可以想見那時父親對我的抉擇有多失望。儘管他一心期望我當醫生，以完成他人生未能實現的心願，但是他還是尊重我的選擇。

父親對我產生的最大影響是，他一直要求我要尊重別人，不要看不起別人，也不要讓別人看不起，他希望我能夠獨立。所以，「尊重」和「獨立」，是他給我的最好的人生教育。

另外，父親一直教育我什麼叫作「錢」？他說：「有錢有什麼用，有錢只能買到一個東西，那就是選擇。」我年輕時不太懂話中的含義，年紀愈大才愈能體會，有錢，真的只能買到選擇。例如要到南部，我們可以開車，也可以搭高鐵，這就是選擇，錢可以讓我們選擇過什麼樣的生活，但不能保證帶來幸福和快樂。錢，不見得是必要條件。用正確的心態來看待金錢與人生的價值，這是父親幫我建立的重要價值觀。

我一路走來，非常幸運地能得到很多師長、同學、朋友的幫忙，他們都是我的貴人，給予我很多的指導。當然，這也包含了人生中所碰到的一些挫折，傷害我的人和給我挫折的人，我想也都給我很大的幫忙，讓我可以從中獲得成長。

很多人經常以為我的人生非常順遂，其實我一直不斷遭遇挫折。每當遇到挫折時，情緒難免受到影響，可是當你只能選擇面對或逃避時，一般我都選擇面對。事實上，我剛開始創業時也曾經是很軟弱的，遇到挫折時，只想選擇逃避時，可是當有的事情無法逃避，只好勇敢面對，經過一次又一次的歷練，我慢慢地才發現，其實面對挫折也沒有那麼困難，在不斷的選擇面對與處理之後，我反而變得更堅強了，面對人生的態度也有所轉變。在接下來的人生過程中，我反而歡迎挫折、感謝挫折，挫折愈多，養分愈多！這是人生最可貴的地方。所以我經常鼓勵學生，不要閃躲，勇於嘗試，不然怎麼會知道你有沒有處理問題的能力。聖嚴法師開示的「面對它、接受它、處理它、放下它」這句話很有智慧，大家應該將它放在心裡，並且時時運用在生活之中。

我很感謝有很多的挫折。我常跟學生說，一個人的價值應該取決於 2P，這是矽谷很有名的創業家林富元先生提出來的理論。第一個P是pleasure（快樂），第二個P是pain（痛苦）。他是一個很有名的創業家，曾經有人問他：「我失業怎麼辦？」他告訴對方說：「你只要做兩件事情：第一，你可以增加多少人的快樂？第二，你可以減少多少人的痛苦？這樣你就不會失業了！」

「Change、Challenge、Chance」，這是多年前我所提出來和工作伙伴分享的理念，當時我發現，整個環境變化快速，勢必帶來挑戰，當然更重要的是，也會因此帶來更多的機會。

我很欽佩的一位日本人，是最近協助日航重整的稻盛和夫先生，在看過他的著作之後，發現他擁有一顆質樸、真誠的心。對於年輕人，他提出了一個字：

PASSION（熱情），這七個字母，代表七個字。第一個P字是**profit**，要有利潤，一定要獲得利潤，才能夠服務社會；第二個A字是**ambition**，要有企圖心，對社會做一些更有意義、更有幫助的事情；第三個S字是**sincerity**，就是誠懇和誠信；第四個字S是**strength**，要有力量，真正的力量就是勇氣。第五個字I是**innovation**，要創新；第六個O字是**optimism**，要樂觀。最後一個N字是**never give up**，要永不放棄。我覺得這是放諸四海皆準的準則，方法既簡單，又對年輕人頗有幫助。

我認為有一點很重要，在多變的世界裡，要掌握不變的東西，不變的東西就是「利他的價值觀和熱情的態度」。

一般人的工作動機都是利己，但是要有利他的價值觀，才能團隊合作；而且要有熱情的工作態度，才有辦法應變。我希望大家能有正確的人生態度、正確的價值觀，永遠不要害怕改變。除了這個正確的價值觀不能改變之外，其他的觀念都可以用很柔軟的方式去吸收與學習。

一般人都以一百分為目標，而聯發科技董事長蔡明介先生對自我要求是一百二十分。他從小就很羨慕其他同學的便當，為什麼他們的便當裡都會有滷蛋，而他的便當卻沒有。所以從那時候開始，他就立志以後什麼事情都要做到一百二十分。當時我發現，年輕人做事常常就是缺少那最後臨門一腳，就像二八法則，我們做到了百分之八十，事實上沒有成功，因為還少了百分之二十。我常以他的故事來激勵年輕人：「你可以再拚五分鐘。」

我常跟學生說，在這個全球化的世界裡面，很多產業之中，百分之九十以上的利潤被第一名拿走，第二名大概損益兩平，第三名則是不見了。在這種情況下，雖然你很可能表現得很優秀，你可能很努力、很辛苦的已經做到了百分之九十、九十五，但是你最後還是被環境淘汰，因為你就是缺少那百分之五，所以被第一名拿走了全部成果。所以我常鼓勵年輕人，在做得很累的時候，不妨再拚一下！人生就像過隧道一樣，雖然走得很辛苦，但其實黎明已經快到了！只要再堅持一下，再多拚五分鐘，可能就會有一個正向的回饋。

我從臺大醫科畢業後，不當醫生反而投入補教界，真的需要很大的勇氣，而我最大的本錢就是熱情。至於教育理念，我是隨著與學生互動之後，慢慢對自我了解才形成的。很多東西會改變，但我覺得，老師對學生的教育，有一件事是絕對不能變的，要相信每一個人都有能力，每一個孩子都有長處，教育的環境應該是讓孩子對自我有更多摸索的機會，了解自己的長處在哪裡？甚至了解自己的短處是什麼？這是方向性的問題，非常重要，不能只是用成績這個單軌來評估孩子。

在我念書的時候，很早就希望自己能成為 The best one，就是最好的那一個。可是，後來我念建中時，我有一個困惑，為什麼我不是全校第一名？我再怎麼拚，一天睡兩、三個小時，我還不是第一名。這過程直到我念臺大醫科的時候，還在繼續困擾著我。可是後來我在與學生相處時發現，似乎不必用一個標準看 The best one，反而可以做每個行業裡的 One of the best。

在我學生時期的那個年代，臺灣的資源相對貧乏，但人反而比較努力。那時的人也沒想那麼多，就是趕快出來社會工作，早點讓家裡過更好的日子。所以那時候我和同學們雖然制服都只有一套，可是煩惱反而沒有那麼多，因為大家就都是穿這一套！現在年輕學子的煩惱好像就比較多了，不論是哪方面都一樣。我想，這種改變也是好事，除了一些違背倫理、道德的事之外，我想沒有什麼事是絕對不好的，所有事情都有正、反兩面，我想我們可以不用那麼悲觀。

我常常對學生說，學數學對所有人最有用的就是兩個字：向量。第一個：方向要對，第二個：力量要足。我們要協助孩子把方向找到，方向找錯也沒用；同時力量要足，在這個方向裡面，我們要體認到每個人都有自己的上下限，身高、體重、發展上都有上下限，要如何知道現在是不是已經到達上限了呢？這要靠拚到底才知道！可是，現在的孩子就是缺乏拚到底的決心。因此現在的學子們非常可惜，從小就被照顧得很好，父母給他的教育觀念、資源比我那個年代好很多，可是他們的成就動機是低的，信心是低的，碰到事情總是閃躲。

日前我看了政治大學李仁芳教授的一篇文章，他提到年輕設計師古又文到學校演講時，所遇到的狀況，清楚表達了現在小孩子的問題。他說，古又文在大學課堂上對研究生演講時，這些研究生一直追問古又文，是否感受臺灣的教育環境、創意環境如何如何不夠……，卻很少有研究生能夠從古又文的言詞裡，敏銳地觀察到，他是如何在起步時善用極少的資源，奮力用極大的努力，推開重重的障礙，克服一關一關的困難。這篇文章下了一個很好的註解：「能活下來的都是找對方法的人；沉淪下去的則是那些不斷找理由者。」現在有很多學生碰到問題時，就是找藉口躲避，但是有很多藉口其實是父母幫他找的。

幫現在的年輕人打開人生大路給他們走是很重要的，但是嚴格的基本訓練也是必要的。像王建民先生這麼優秀的棒球投手，比賽前仍然要努力練投，練投基本上是很無趣的，可是這是基本功，是將來能不能實現自己目標的重要關鍵。前陣子我看到一篇文章，日本 **7-11** 的創始會長敘述他們是怎麼度過這個不斷變化的社會，而那個關鍵就是每天不斷地把基本功做好。

父母除了要給孩子寬闊的路走之外，也要將自己的經驗傳達給子女，適時地導正他們。孩子不是聖人，他的人生正在學習。所以我深深期許現代父母，應該多接觸孩子、多溝通。如果父母在孩子的國中階段，不能和孩子形成一種良好的對話環境，到了高中以後，要和他們溝通就會變得很辛苦，因為此時孩子不管在生理或心理上都有急遽的發展，彼此的「代溝」一旦出現，想拉回來就不容易了。

經營補習班和其他事業一樣，對於想要實現的理念，挫折總是多過成績，有一些失敗的經驗可以跟大家分享。雖然我為同仁做了很多的教育訓練，但是後來發現教育訓練是失敗的，因為我沒有考核。不過到現在為止，我對有些觀念仍很堅持。

第一，我把同仁視為我的家人，我把他們當成夥伴，希望公司可以成為一個快樂的家庭。

第二，公司一定要有制度，而且是要以績效為主的制度。這跟倫理沒有關係，因為我強調，人一定要對，他的價值觀要對、態度要對，當這兩個條件不對的時候，就沒辦法溝通。

因此，我要求同仁的工作態度要有熱情、觀念要正確，接下來再看業績，人品絕對要放在第一位！

為什麼我會希望年輕人進入公司後，要盡快接受比較嚴格的訓練？因為不要耽誤他們的生命。我看將來的趨勢，應該是贏者全拿，如果你是第二或第三人，就會被淘汰，所以要早點找出自己的長處，並朝向更好的目標去發展。

現在的教育制度有兩個謬思，其一是，學生學少一點就沒有壓力。學得少怎麼可能會沒有壓力？當我們都學一樣少的時候，或者學愈少的時候，學生會產生一個很大的問題：我的長處沒有出來啊？少了很多讓他可以追尋、發現長處的機會，那麼少的範圍怎麼找到長處？第二是多元學習的問題很嚴重，現在每個老師都認為他的學科最重要，所以歷史老師給學生很多歷史功課、地理老師給學生很多地理功課……。政府應該趕快做一件事情，那就是制定明確的產業政策。臺灣應該要向芬蘭那樣先進的國家取經，他們為什麼可以有一個 Nokia 那樣的產業。臺灣有二千三百萬人口，一定要有清楚的產業政策，才能有人口政策、教育政策，如果沒有從產業政策著手，臺灣將完全沒有機會在國際發展。

現在學生的廣度是夠的，但是深度是不夠的。我常鼓勵學生要獨立思考、要閱讀，把心靜下來，《大學》說：「定靜安慮得。」前一陣子，我讀了一本猶太人致富的經典書，書中提到賺錢，猶太人為什麼那麼有錢？因為他們賺錢的信仰跟一般人不太一樣。他們認為賺錢是很神聖的，深信賺錢只有一個方式，就是盡心盡力地工作來服務別人，而在賺到錢後，必須要施捨以幫助更多疾苦的人。當你賺很多錢的時候，就表示你服務了很多人。因此他們認為，這才是一個真正有價值的人生。

安心看待世界末日

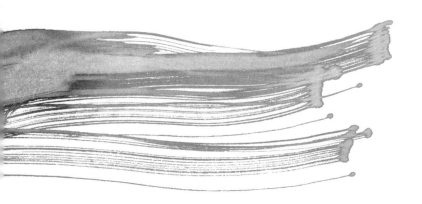

林中斌

國立臺灣大學地質系學士、保齡格綠大學（Bowling Green State University）地質碩士、洛杉磯加州大學（UCLA）企管碩士、喬治城大學政治系碩士、博士。曾任華府智庫「美國企業研究院」（American Enterprise Institute）專任學者兼亞洲部副主任、喬治城大學（Georgetown University）外交學院及政治系之講座教授以及兼任教授；國立中山大學政治學研究所教授兼所長、行政院大陸委員會第一副主任委員兼發言人、國家安全會議諮詢委員、國防部軍政副部長。現任教於淡江大學國際事務及戰略所教授。

極端天氣頻傳，全球天災不斷，一般人認為這是地球暖化所致。其實，全球暖化只是一個片面的看法，因為除了暖化以外，還有寒冬，也就是冷化。由於地球暖化，很多疾病愈來愈多了。暖化會使病菌活躍，也影響了很多生物，像蜜蜂和青蛙的大量消失。不過，全球暖化無法解釋的是，為什麼地震、海嘯和火山爆發也愈來愈多，而且人心浮動，人禍也層出不窮。因此，天災愈來愈多的深層原因值得探究。

我認為，深層的原因是地球的磁場變弱了，而且太陽系在天體運行上進入特別的位置。我們回到一八三一年，英國探險家在加拿大北部找到地球的磁北極，這是人類的創舉。地球有三個極，一個是地理的北極，針對著北極星；另外一個是地球自轉軸的北極；第三個，就是磁北極，因為地球是一個大的磁鐵。自英國探險隊找到磁北極之後七十年，一九〇四年第二批探險家找到新的磁北極地點，已往西伯利亞方向移動四十公里。後來，磁北極不斷地幾乎以直線的方向朝西伯利亞加速移動，速度由每年十到四十公里移動到六十五公里。在同一個時間，科學家有驚人的發現，地球磁場變弱了。

地球周圍有很多磁力線，從磁北極出去回到磁南極。這些磁力線不斷在變弱。

二〇〇八年的十二月，美國的航空暨太空總署（NASA）發現，保護地球的磁氣圈不但變弱，而且破了一個洞，是地球的四倍大。這個意義是什麼？就是很多來自外太空有害的射線，以前都被磁氣圈擋住，但現在進來了。為什麼我們磁北極加速移動，而且全球磁力線變弱？更深層的原因可能是天體運行週期到了。地球繞著太陽轉，而太陽系包括八大行星和其他一些小的行星，都是繞著銀河系的中心在轉。我們的地球繞著太陽轉，很簡單，一圈就是一年。可是太陽系繞著銀河系的中心轉，一圈要兩億五千到兩億八千萬年。當太陽系繞著銀河系的中心轉時，它的軌跡不是直線，而是像海豚在海面上跳出去、又落下來，形狀是科學家所謂的「正弦曲線」。此外，太陽系軌跡有大的「正弦曲線」上面帶了小的「正弦曲線」。大的正弦曲線上、下約六千四百萬年，小的正弦曲線上、下約兩萬六千年。二〇一二年的意義可能是大、小週期重合的時間。馬雅人遺留下來的年曆寫到二〇一二年十二月二十一日為止，有人說，這可能是世界末日。但是，它更像是天體運行週期轉換的節點。

在二〇一二年前後，我們的太陽系會接近銀河系的赤道，而受到許多銀河系其他星體力量的作用，於是我們的太陽系（包括地球在內）會經歷特別的狀況。

銀河系是一個浩大圓盤狀的天體，自成一個宇宙，包含上千億個太陽系。而其在大宇宙裡，像銀河系的宇宙也有上千億個。銀河系的宇宙直徑是十萬光年，厚度兩千光年。半徑為五萬光年，太陽系離銀河系的中心大概是二點六萬光年。二〇一二年左右太陽系接近兩千光年厚度的中點，也叫作「銀盤」，受到很多其他星體作用力的影響，包括在太陽系裡的地球也不例外。

為什麼二〇一二年會帶來很多災害？我想這些現象和太陽系天體運行的軌道、太陽對地球的影響，以及地球磁力的變化都有關。地球磁力變化也會影響到氣候，引起氣候極端化，包含全球暖化和寒冬成災。當地球磁力變弱時，地球表面的地殼，是三到六十公里的石頭層，其下為高溫高壓下被融化像液體一樣的岩石，叫作「地幔」。地磁弱化下，地幔裡的岩漿活動非常不規則。所以地震、火山爆發，近年來變多。由於地殼下面的岩漿有異常活動，可能連帶影響到海洋的流動和溫度，進而影響地面溫度。也就是說，全球暖化的原因除了人為燒碳之外，還可能是因為太陽和地磁變化。

最近也有一些科學家說，地球暖化致使南、北極的冰層變薄甚至消失，所以南、北極地殼上面的重量就減少，進而引起地震。這種說法我覺得有點勉強。因為如果南、北極的冰層融化了，地殼反彈而引起地震，為什麼地震經常發生在印尼、海地、土耳其及日本等國家而不發生在南、北極？我覺得真正原因可能是和天體運行有關，它會影響太陽對地球照射和地磁弱化。之後，再造成了洋流的異常，並且引發氣候的極端化。

太陽每十一年有一個週期，十一年到的時候，很多黑子會出現。黑子，就是太陽表面上像數千萬倍威力核子彈大爆炸的活動。下次週期快到了。美國太空總署二〇一〇年中已警告，二〇一三年左右，太陽磁爆會很嚴重。

一九九八和二〇〇三年有兩次非常嚴重的太陽磁爆，除干擾電信之外，還曾引起高緯度地區地球磁爆，燒壞加拿大和北歐發電廠設備，導致冬天斷電，沒有暖氣。二〇〇三年那一次非常嚴重，使得很多平日途經北極的航班繞道。因為過了緯度八十二以北就沒有辦法使用衛星導航，必須改用無線電，可是無線電受了太陽磁爆干擾就不能用。因此很多航班要改道，每改道一次就要花費一萬到十萬美金。下次磁爆來時，情形可能會更嚴重。

在此情況下，我們應該把視野放大一點，不要只想到自己。臺灣不是唯一的地方，還有很多地方也有不少災難。此外，人類不是唯一受災的，動物也是一樣。

近年來很多靠地磁導航的候鳥迷路，超級寒冬下，連越南的動物都凍斃，飛鳥和魚群突然死亡，大量鯨豚也迷航擱淺死亡。動物生態大受衝擊，例如海洋中水母繁殖成災，魚群數目銳減。

地球磁力變弱對人類的影響是什麼？因為人也是磁體，當全球磁力弱化的時候，人心容易變得不安。全球磁力分布像一個等高線的地圖，我們會發現陸上全球磁力最強的地方分別在西伯利亞、加拿大。磁力最弱的地方在巴西和西非。我們也進一步發現，從磁力強的地方到磁力弱的地方，從北美、北歐、北亞慢慢南移到非洲的西部以及南美的東部，政權更替得愈來愈快。

近年來人的行為常發生異常的現象。前幾年有一位歐洲畫家畫了一張穆罕默德的畫像，引發遊行暴動十幾個人死亡。泰國原本是一個非常和平的國家，最近幾年紅衫軍、黃衫軍對峙，鬧得不可開交。各國遊行抗議也愈趨頻繁。進入二〇一一年，中東北非遊行革命推翻政權，此起彼落。連美國各州人民也受傳染遊行抗議不公。

臺灣社會家庭暴力日益增加，媽媽殺兒子，兒子殺爸爸，人倫悲劇接二連三地發生。美國校園開槍濫射愈來愈多，中國大陸校園持刀殺人事件也層出不窮。

各地人心浮躁行為乖戾，甚至已經到了人不如動物的地步了，因為，虎毒尚且不食子。

不過，大家無需恐慌，二〇一二年絕對不是地球生物大絕滅！二〇一二年只是一個天體運行的週期結束，另外一個週期將開始。所以從壞的地方看，二〇一二年的前後有很多自然災變，甚至有人禍。可是我相信，過了一段時間，便會平息下來。

很多人說，全球太多災難了，既然生命不保，乾脆「今朝有酒今朝醉」，不如把握當下盡情享樂。這種想法並不正確。我打個比方，冬天到了，這是不可抗拒的，只要多加點衣服，注意保暖，即能度過冬天。有人就說，到底是自然的力量造成這些災難，還是人為沒有做好節能減碳造成的，我覺得兩者都有。為什麼？以清朝滅亡為例，中國人比較相信清朝滅亡是因為外國人攻打我們，也就是外侮；可是很多國外學者發現，其實是內憂，即使外國人不侵略，滿清也要滅亡。客觀地說，應該是內憂外患同時發生。也就是清朝到了末年，自己不爭氣，再加上外國人的侵略，才會造成清朝滅亡。

所以，同樣地來看二〇一二年，的確自然界循環到了一個週期的結束，因此有很多的災變。有些不是人類引起的，有些則是要人類負責。往好的地方看就是，由於這次災難的洗禮，全球清醒了，人類進行反省而改變貪婪自私的觀念和行為。

如果人心不能安定寧靜的話，欲望會無止境的氾濫，人類會自我毀滅。譬如，過度貪心的投資客，一旦發生全球財政危機、金融危機，結果就破產了。相對地，如果心很安靜的話，就不會去做這種取巧的行為，反而比較安全。

把握當下很重要，我們要把自己的心管好。既然全球磁力不斷弱化，而且人心浮動，我們更要逆勢操作，把自己的心安定下來。至於怎麼定心？只要有意願，就很容易學會方法，如果能學習禪坐最好，如果沒有時間，坐下來深呼吸也可以定心。如果時間允許的話，欣賞日落、聆聽好的音樂、看本好書、做陶藝、園藝等都很有幫助。當我們幫助別人時，自己也會比較快樂，這是非常重要的。

例如我以前在美國求學時，圖書館研究室隔壁有一位老先生，頭髮都禿了，可是笑起來像天使一樣純潔。他名叫羅西（Jacques Rossi）。有一天，我和他閒談時，才知道原來他是波蘭裔的法國人，年輕時是共產黨，曾參與一九三六年西班牙的內戰。他幫蘇聯共產黨一位領袖叫托洛茨基（Leon Trotsky）工作，也做過史達林的翻譯。後來，托洛茨基被史達林鬥爭遠走至墨西哥，最後被刺殺身亡。一九三七年，史達林要把羅西召到莫斯科，許多同事都勸他不要去。他說：「我是共產黨員，我要服從命令。」他到了莫斯科，未經任何的審判，就被送去西伯利亞勞改。等到史達林一九五三年過世，他才被釋放。他和我提到在勞改營的經驗，凡是好強、好勝的人死得快，倒是那種不與人爭、逆來順受的人，反而活下來了。同樣地，在這個天災接踵而來之際，我們要把心定下來，想到別人的身心痛苦，需要我們的幫忙，幫助別人就是幫助自己。

地球磁力變弱已經不能逆轉。我們中國哲學與文化裡很重要的一個觀念，所有事情都有週期性，就像《易經》所闡述的基本道理一樣。二〇一二年對地球萬物的衝擊也是如此，它雖然不可逆，但終究會過去的。我們延長一點看，從二〇〇〇年開始已經有很多天災人禍，像二〇〇一年九一一恐怖分子的攻擊，二〇〇四年南亞海嘯，二〇〇五年卡崔娜颶風，二〇〇七年開始的全球金融危機，二〇〇八年大陸雪災和汶川地震，二〇一〇年海地地震、冰島火山爆發之類的事件，這些可能都跟地球磁場的變化和太陽系天體的運行有關。那麼同樣地，二〇一二年以後，要過了二〇二五年，天災人禍才會慢慢地平復下來。馬雅人從來沒有說二〇一二年十二月二十一日是地球的末日，他們只是把天曆算到那天停止，意味著一個時期的結束。他們並沒有講到末日。

二〇一二年有它的功能，使我們覺醒。當我們看到很多災難時，也應該看到希望的曙光。就像狄更斯在《雙城記》裡說的那句話：「這是最光明的時代，也是最黑暗的時代；這是最智慧的時代，也是最愚蠢的時代。」我們現在就處在這個關鍵點上，很多好事件隨著災難而來。像在二〇〇四年的大海嘯之後，很多國家開始互助。在二〇〇三年發生SARS期間，聯合國擴大了傳染病的部門，防止以後大規模傳染病的擴散。還有很多國家，開始賦予他們軍隊救災的任務。此外，前蘇聯領袖戈巴契夫呼籲：只有聯合國不夠，我們要一個世界的政府。英國首相布朗也非常認同這種看法。未來的天然災變，沒有任何國家可以自行解決，一定要大家合作。我認為這個趨勢已經浮現。各國間的小摩擦雖然很多，但是大國之間的戰爭可能遞減，甚至變成零，這是一個好現象。

此時此刻最迫切的是「人心的覺醒」，我們要自我反省，這樣的話，過了二〇一二年、甚至過了二〇一五年以後，人類會逐漸進入一個非常美好的時代。其實不少科學家、文學家，或有預知能力的人，像瑞典十八世紀的大科學家斯維登伯格（Emanuel Swedenborg）很早就說過了，一個美好的新紀元，英文叫作 The New Age，將要來臨。

「臺灣加油」激勵人心

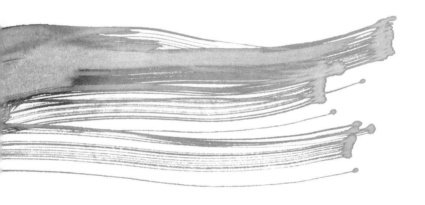

段鍾沂

政治大學財稅系畢業，滾石集團董事長，他和弟弟段鍾潭創辦滾石唱片，實現了許多流行音樂和音樂人的夢想，是臺灣流行音樂走過三十年的最佳寫照。滾石唱片曾經是華人世界最大的獨立唱片公司，滾石唱片開啓了華語樂壇的一個經典時代，甚至引領臺灣流行音樂超過三十年。段鍾沂也因此被《天下》雜誌二〇〇期選為「影響臺灣的二〇〇人特刊」的兩百人之一。

我雖然大學念的是財稅系，畢業後卻不走本行，而像是「不務正業」似地玩音樂、搞廣告、拍電影，三十多年前臺灣可沒有「文化創意產業」這條路，我只是去做自己有興趣的事情而已。我喜歡電影，心想有一天要去拍電影；我覺得廣告很有趣，也規畫著我的廣告夢；至於音樂，從初中開始就陪伴著成長，一路走來，音樂在我生命中扮演了相當重要的角色。因此，我現在所做的事情，都是我年輕時想做的事，只是沒有預料到會做出一番事業。

大學畢業後，我做過一些外人看起來會覺得很奇特的工作，例如突發奇想要去鄉下開個照相館，因為小鎮上開照相館感覺上很浪漫，那時我已經結婚，還生了小孩，我真的就把廣告公司的工作辭了，決定回到老家臺中開一間照相館。我一個人離開臺北後，在臺中找了一個多月店面，最後照相館還是沒開成，主要是因為資金不夠。

既然照相館沒開成，我索性又回到臺北再找工作機會，在一次因緣際會下，我到中影製片部工作。那段時間和導演們都相處得很熟悉，由於拍片時經常會有些突發狀況，一下子缺一個路人甲、一下子缺一個路人乙，或是餐桌上吃飯的人少一個，就會找我去演出。基本上，我都不會排斥，因為電影也是我的興趣之一，即使跑龍套也沒關係，只要是和文化、藝術沾上邊的工作我都樂於嘗試。其實我本來最大的願望，是當一個畫家，到現在還是這樣想。

我和弟弟段鍾潭創辦滾石唱片的動機也是如此，做自己喜歡的事情，就像年輕的時候在家裡彈吉他，接著就想搞樂團，後來就創辦《滾石》雜誌。辦雜誌要拉廣告就必須先幫客戶的一些翻版唱片公司做稿，和唱片公司的人熟識之後就先幫他們企畫出唱片，因此就有了做唱片的念頭與興趣，決定自己來玩一玩，於是出了一張唱片。老實說，我們剛開始做唱片的那幾年，真的沒有想到滾石會變成什麼模樣，只是因為很喜歡音樂，覺得做唱片很有趣，剛好我們又會相關的技術，就老老實實地做了，我們公司的最高紀錄是在全亞洲有十二個分公司。

流行音樂既然是流行文化，它會崛起，也會消失；會有高潮，也會有低潮，變化快速。我們一直把流行音樂產業當成是一個娛樂產業，也把它當成是一個內容產業。

做唱片需要找歌手，因為我和弟弟很早就接觸西洋音樂，我們很清楚做音樂的概念，就是歌手要能夠用歌聲表達感情，唱得好最重要。音樂是用耳朵聽的，不是用眼睛看的，所以我們總是努力去找很會唱歌的人、很認真表達感情的人，這是我們在聽西洋流行歌曲中所得到的一個概念，西洋流行音樂的歌手很少是因為外貌受到肯定而受歡迎，都是來自於他的個性，來自於他對音樂的態度，而得到聽眾的支持。

我們剛成立滾石唱片時，就是從這樣的角度和觀點來看，每一個藝人其實都有他自己的個性，而當他的個性和我們的想法接近的時候，我們就會和他談合作，一起做音樂。就像羅大佑，我們會出版他的唱片也是一種巧合，可是我一聽就知道，這是我們滾石要出的唱片。羅大佑出第一張唱片時，媒體記者預測只能賣兩千張，結果羅大佑的第一張唱片賣得非常好。我要強調的是，俊男美女不是我們優先考慮的因素，個性比較重要，我們在意的是他的個性和滾石做音樂的態度是不是相契合。

滾石唱片成立至今已經超過三十個年頭，我們對做音樂的熱情不減，做音樂的態度也始終如一。

我的生命能夠如此揮灑，最感謝的是我的父母。爸爸不只影響我，還影響到我的三個小孩。在我爸爸那一輩，我看到他們對知識的尊重、對教育的尊重。爸爸曾經說：「我什麼都不會留給你，我可以留給你的是你的學位，供你念大學。」

他很重視子女的教育，我們家五個兄弟都知道父母的辛苦，也很努力念書。

記得當時我們家的最高紀錄是有三個人同時上大學，我永遠都記得三更半夜聽到爸爸和媽媽在籌學費，想辦法去借錢供我們念書。因此，我從小就有這樣的印象，爸爸尊重知識的態度，深深影響了我對子女的教育方式，我總是鼓勵孩子不管在什麼狀況下，都要拚命學習。

媽媽對我的影響比父親還要大，她對子女非常包容與肯定，例如我念大學時比較叛逆，頭髮留得很長，幾乎長到肩膀，樣子有點像嬉皮。每次放假回家，只要一進門，爸爸的臉色就很難看，催促我趕快去剪頭髮，而媽媽就在旁邊說：「剪什麼剪？這樣子好看。」無論我想做什麼，她都很支持，從過去一直到現在始終如一。

媽媽生性樂觀、思想開明，她的求知欲很強，永遠跟得上時代脈動。她現在已經八十七歲了，我問她 google 是什麼？她完全清楚；我問她 iphone 好不好？她也會分析 iphone 有什麼優缺點。媽媽每天從電視和報紙接受大量資訊，是一位進步老太太，所以我們之間從來沒有代溝。

我的人生充滿了各種好機緣，我非常珍惜每次的機緣，這可能是我的一種本能。就像推動「臺灣加油」公益廣告，九二一大地震後，我一直和廣告界的朋友在談：「這個時候廣告人可以做什麼？」我想，募款是理所當然，但是除了募款還可以做什麼？每個人在自己的專業上還可以做什麼？我是音樂人，也是廣告人，我可以做什麼？那種本能就出來了。

我和朋友們認為，可以用廣告去溝通、去激勵人心。於是，就策畫了「臺灣加油」公益廣告。當時，梁開明擔任新聞局顧問，他找我一起到新聞局談這件事，正要出門時，我接到法鼓山榮董會劉偉剛的電話，他說法鼓山想把佛法錄成卡帶送到災區，撫慰人心。我認為當地斷水斷電，卡帶送過去也沒辦法聽，他聽我這麼說，就要我趕到法鼓山討論有無其他良策。我到了法鼓山，看到聖嚴法師，一個念頭閃過，覺得他應該是「臺灣加油」影片中的一個角色。這個案子本來是和新聞局提的，我立刻就向法鼓山提出。我向聖嚴法師說，我們對災區是救難和救急，但是災區以外的地方，他們需要的是鼓勵與安定。我告訴聖嚴法師我們正在做「臺灣加油」的案子，隔大，我們就約了臺灣電通及拍片公司一起拍攝這支廣告影片。

所以我認為本能很重要——你覺得你可以做什麼？然後就去做。包括門諾醫院或者其他公益活動，我會參與都是一種本能。不是說我一定要去扮演這個角色，或者刻意規畫要做什麼，都是本能推著我去做那件事。

和聖嚴法師結緣是因為「臺灣加油」，我才有機會和他面對面互動、對話。我對法師和對我父親的感情，在某個程度是一樣的，例如我的父親非常尊重知識，聖嚴法師也是這樣，他常說：「佛法這麼好，知道的人這麼少，誤解的人那麼多。」如果我們希望讓每一個人都知道佛法好處，不要誤解的話，最重要的就是教育。我的父親常告訴我們：「你不一定要當一個很偉大的人，但是你至少要當一個可以結婚、生子、正常養家的人。」要做到這一點，就是要接受教育，要有知識。知識最重要的價值，是讓我們學習去分辨善惡，這是知識很重要的一個功能；接觸知識之後，你才會產生智慧，佛法談的就是慈悲與智慧。

有一陣子，我因為腳傷必須待在家裡，心想就來念《法華經》吧！結果有人告訴我：「你知不知道念《法華經》需要一點文學修養？」我一聽就楞住了，如果要有文學修養才能念經，那佛法怎麼會普及呢？我想到曾經看過一位中國老作家寫的《禪外說禪》，他也說佛法太深、太難，因為理解很難，才有所謂「頓」的說法。我突然想到聖嚴法師這六十年來努力在做的，就是讓佛法變得很簡單，讓每一個人都可以懂得佛法，讓佛法很生活化。

聖嚴法師推動的「心六倫」運動於我心有戚戚焉。以「自然倫理」來說，我對地球、對周遭環境的關心，也是一種本能。以前我住在臺中時，後門一打開，就是一望無際的稻田，但現在全部都變成大樓了。這樣的一個改變，我認為它一定會產生一些傷害。最近這幾年，那種感受更為深刻，我時常在想，真的需要那麼多路嗎？真的需要那麼多的房子嗎？臺灣現在少子化，全世界現在都少子化，還在蓋那麼多高速公路，說不定二十年、三十年之後，高速公路上都沒車了！現在山上的小學都空了，還要去破壞綠色環境嗎？

不久前我讀到一篇文章，提到北極熊被淹死了，北極熊為什麼會淹死？因為地球暖化使得冰山融化，當在冰塊之間覓食的北極熊，以前很快就可以游到另一個冰塊上，現在由於冰塊距離愈來愈大，怎麼游都游不到，於是就淹死了。

我記得以前在打禪七時，聖嚴法師曾經談到「大地觀」。他說，大地是我們的母親，所以大地會原諒我們，只要我們願意悔改，並調整自己，大地是生生不息的。

因此，八八水災發生時，我規畫的廣告影片，就只是傳遞這個訊息：大自然會給我們再生的機會。果然，我到災區一看，本來被水沖刷成荒野一片的土地上，已經長出許多小草了。大地是我們的母親，我們要愛我們的母親，要尊敬我們的母親，可是我們不能一直要她原諒，所以我們自己要懺悔、要感恩，這是大地觀很重要的核心思想。

舉辦活動的目的，是希望利用這個機會和更多人溝通，溝通的時候，我們是在展現我們本身的態度；如果我們的態度能夠感染到別人，別人本來忘掉的事，會被點醒了，這樣就夠了。我們要告訴大家的是，知識如果可以變成常識，我們知道的事如果可以在生活中落實，這樣的示範就值得我們去做。例如新素食主義很重要，吃素會對減碳可以產生一些幫助，除了要選用當令當季的食材之外，吃素也要吃得健康。

我身體力行節能減碳，甚至到了有點過分的地步。記得有一次抄電錶的人來按門鈴，他問我：「你們家是不是沒有人住？」因為我家的用電量實在太低了，讓他感到不可思議！

我如果一個人在家，除非確定接下來的兩個小時會用到房間的電力，否則我一定隨手關燈，也盡量不使用那麼多燈泡。我會用洗碗、洗菜的水來澆花；盡量不開冷氣；公司淘汰的家具如果可用，我就會把它搬回家。此外，我慢慢在學習，包括學習帶環保杯、環保筷，我發現現在有很多人已經習慣自帶環保餐具了，連我公司樓下的餐廳也開始提供環保餐具。我認為，只要點點滴滴去做，環保的推動一定會有成效。

讓世界因為有你
而大不同

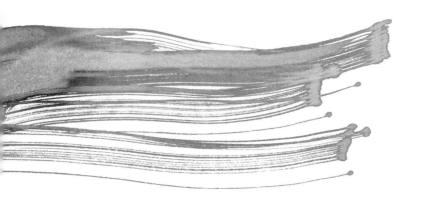

孫維新

臺灣大學天文物理研究所教授，國立自然科學博物館館長。曾獲中央大學理學院優良教師獎、中央大學教學傑出獎、中央大學特別貢獻獎、國科會研究甲種獎與國科會指導大專生研究獎，及科教節目金鐘獎等。

研究天文是我從小的興趣之一，高中時，我常常到當時的圓山天文台，看看天文台的望遠鏡、星座圖，以及相關的展示。上了大學，在書報討論課，我也選了天文方面的論文來做報導。我對天文很感興趣，但我並不是那種從小立定志向的人，人生一路走到現在，感觸很深的是八個字：「認真做事，隨遇而安。」

所謂「認真做事」，就是無論我們身在哪一個工作崗位上，都要好好把事情做好，從中得到樂趣；「隨遇而安」是因為人生變化是自己沒有辦法掌握的，無論是進入新的環境或者新的工作，都要把它當作是個學習的機會。

我在大學就讀的是物理系，很多同學都是以第一志願進來的，但我並不是。大學畢業、服完兵役後，我曾回到臺大物理系當了一年助教，當時沒想到出國，最後是因為發覺同學們大都已經不在臺灣，便也想出國去看看。我申請四所學校的物理研究所、四所學校的天文研究所，由於加州大學（UCLA）給了我很好的入學條件，所以我就去了加州大學念天文。我很幸運選了天文，因為這個領域對我的未來啟發很大。

天文讓我看見了人類的渺小，科學家已經準確地算出了宇宙的年齡，是一百三十七億年，從這個角度來看，人類確實很渺小。我們在地球上覺得地球很大，但地球其實只不過是太陽旁邊的一顆砂粒；太陽是巨大的恆星，擁有三十三萬個地球的質量，但是太陽也只是整個銀河裡兩千億顆恆星中的一個。如果我們從太陽出發，坐最快的火箭抵達附近半人馬座的南門二，也就是太陽最近鄰的恆星，在四點三光年遠的地方，如果不算相對論效應的話，大概要三萬年。這還是最近的一顆恆星，更不用說我們銀河裡其他的兩千億顆恆星。而像我們這樣的銀河，在可以觀察到的宇宙裡面，大概有五百億到一千億個，但是將所有的東西加在一起，卻還只是我們這個宇宙裡面百分之四的物質而已。整個宇宙大到完全超乎我們人類的想像。

人類的形體雖然渺小，但是人類的精神卻無遠弗屆。我們的身體如此渺小，可是思想卻不受軀殼限制，可以思考宇宙的創生與未來。

因為學天文的關係，我很敬畏大自然。我發現人類生活的時間和空間尺度，和大自然的時間和空間尺度比較起來，渺小很多。我想這種心得和體悟，與別人來自宗教方面的啟發，應該是可以互相貫通的。我們不要把自己看得太重要，把自己膨脹得太大，要懂得敬畏自然與尊重他人。

舉例來說，我曾經到南非、澳洲、黑龍江大興安嶺去做觀測，這一陣子在西藏設立天文台，這些地方都能給予人們很大的啟發，可以從大自然中學到許多知識與教訓，並思考人類應該怎麼與大自然和諧相處，以長遠地留存在這片可愛的土地上。

我在臺大開設了「認識星空」這門課程，通常我會在每一學期的最後一堂課，講一些勉勵的話和同學們分享。我鼓勵學生時時刻刻檢視自己，到底活著要做什麼？在人生的方向上面，我希望他們多發揮創意。我接觸到的學生多半是比較聰明、比較會考試的，是所謂好學校裡的學生。但是我提醒他們，對一個聰明才智高人一等的學生來說，給他最大的侮辱，就是讓他有一個一輩子衣食無憂，完全不需要思考的生活，到死的時候，腦子還是全新的——**never used**！那是最糟糕的人生。

我覺得人生要有趣，很重要的一點，就是要時時刻刻迎向挑戰去探索未知。探索未知和迎向挑戰很重要的一點，就是你所碰到的問題是別人從來沒碰到過的，所以沒有標準答案，解決問題的方法要靠自己想出來，這就要發揮創意了。我認為，人類最可貴、最偉大的美德之一就是「創意」，因為創意能夠讓你有所表現，讓這個世界、這個社會因為你曾經存在而有所不同。

如果你希望因為你曾經存在而讓這個世界有所不同，就要發揮創意，做一些或是想一些別人做不到、或是想不到的事情，然後對人類和社會有所幫助。如果你一輩子所做的跟所想的事情，都是別人會做的、會想的、會說的，那真的是有你不多、沒你不少。所以，如果你要設法與眾不同，就需要創意。

臺灣的學生比較少受到這方面的訓練，所以我很希望同學們能夠注意「創意」的重要性。但創意不是隨隨便便就有的，我曾聽李家同教授說過：「精彩的創意來自高深的學問。」所以他一直覺得「教改」的主軸「快樂學習，沒有壓力」，是很糟糕，因為高深的學問常常來自做學問下苦功，所以他希望學生們好好地把知識的基本功打好，在紮實的知識基礎上才能發揮精彩的創意。

我常對學生講，在大學四年裡應該做到兩件事情：一個是認識自己，一個是培養一些別人拿不走的東西。認識自己，你經過了考試、作業、交友、社交活動，會知道自己的優缺點是什麼，這就是認識自己。另外，培養別人拿不走的東西，不是金錢，也不是社會地位。金錢、社會地位都是別人拿得走的東西，別人拿不走的東西，就是自己的知識和人生的體驗。

我常鼓勵學生多出去外面走一走、看一看，因為你將意想不到會學到什麼東西。一個人有了豐富的知識以後，會充滿自信，充滿自信的人最漂亮！現在不少年輕人喜歡自己長得漂亮，長得不漂亮時，心裡就很難過。人的美醜生下來就已經決定了，但是怎麼樣讓自己在這個現成的容貌上變得更漂亮，發出光采，那就要有足夠的自信，自信來自淵博的知識和豐富的人生體驗。

另外，培養自尊和珍惜感情也是人生的重要功課，而自尊的前提是自信和自律。自律很重要，自信和自律是一體的兩面，你累積了知識，培養了經驗以後，就會充滿自信，但同時也要記得用一些原則來約束自己。「嚴以律己，寬以待人」是古人給我們的教誨，但是臺灣常常反其道而行，不太自我要求，但對別人則是要求得很嚴格。

我在臺大物理系當助教的時候，有個學長是我的同事，他是虔誠的佛教徒，自律很嚴。有一天，他帶了一個手提收錄音機放在座位後面的窗台上聽音樂，但是他沒插電，而是使用乾電池，我問他為何不插電？他回答說：「這是我個人的娛樂，我不能用學校的電。」我聽了以後深受震撼，他如果用學校的電，沒人會知道，如果有人知道，也不會在意。他對自己這麼嚴格自律的結果是什麼？仰不愧於天、俯不怍於人，走到哪裡都抬頭挺胸，我覺得這是自律給我們最好的獎賞。

我父親有一句話影響我很深：「能管得住自己的人，才是偉大的人。」我很小的時候，父親就不在世了。但是我聽母親轉述了好多父親說過的話。每個人對偉大的定義不一樣，我認為「要管得住自己」這句話讓人印象非常深刻，因為社會上的誘惑太多了。

我很喜歡泰戈爾的一句話：「如果你因為錯過太陽而流淚的話，那你連星星也看不到了。」人生起起伏伏，這是不變的法則。假設我們對一個人的一生做積分的話，你會發覺，每個人的收穫與挫折都差不多。我們接觸到的學生，多半是比較聰明、比較會考試的學生，但是愈聰明的學生，好像愈覺得自己應該得的比別人多，無論在金錢、地位或是感情都一樣，其實這是不應該有的想法。

提到師生互動，我認為關鍵在於老師如何經營班級，英國的牛津大學和劍橋大學學生，他們在學校獲得的知識，有百分之五十是在下課以後，在老師跟學生互相吞雲吐霧的過程中得到的。形式只是一回事，重點在於如何得到知識。

臺大有一門有趣的課，名為「大一新生專題」。教務處安排了十幾門課程，利用晚上時間在宿舍上課，我被分配到女生宿舍上課。既然在宿舍上課，課程題目就可以設計得輕鬆許多。我集合了歷史上好幾位天文學家的生平，湊成一門課叫作「宇宙中的寂寞心靈」。我特別安排了好玩的上課方式，讓學生用搶答互動，學生必須要看書，我會先給他們每人一份資料，活動時抽籤搶答，大學生玩得好high。學生上完課之後覺得意猶未盡，後來我們就在臺大創造了一個小小的私塾，叫作「三一學堂」，三一學堂的三一，是告誡我們的年輕人，不要一天到晚想著那三句「一」開頭的成語，就是一步登天、一夕成名、一朝致富。很多年輕人老是想著這三個「一」，我跟大家說，要戒慎恐懼，不要老想這三個「一」，要好好地把基本功打好了以後，那麼機會和揮灑的空間自然會來。

我認為，少年得志大不幸，年輕時過得太順利的話，會不知道怎麼抗壓、如何面對挫折。接觸天文這個領域會有很大幫助，因為在星空底下觀測，你會發覺無論再不愉快、再挫折、再憂傷，你站在整個浩瀚無垠的宇宙面前，所有的東西都顯得非常渺小短暫，日常生活中小鼻子、小眼睛的人我是非，也就不再重要，慢慢地學會以平常心看待事情。因為今天星星西沉，明天還是會東昇，當你看多了宇宙的月昇日落以後，再看一看人世間的事情，就不會覺得那麼縈懷於心了。

許多人的妒忌心很重，總是見不得別人好，我們要學習欣賞別人的成就，最好的方式是幫助別人成功。意思是說你要幫助他，如果他過得比你更好，你不要有妒忌或後悔的心情，你要覺得這是他應得的，這才是真正的肚量。

做人應有三種特質，肚量、膽識與氣節。我們應該學習每天至少讓一個人高興，培養這樣的度量，讓別人快樂。

臺灣的學生從小就被訓練成讓別人來滿足自己的需求，每個人想到的都是怎麼樣讓自己過得好，結果呢？彼此互相傾軋，只有打倒了周遭的人，自己才能夠出頭。在這種制度下所訓練出來的學生，怎麼會知道要團結？怎麼會知道要合作？怎麼能夠看得別人好？別人如果表現得比你好了，就表示你會被別人打垮。但是合作很重要，科學研究強調團隊合作，因為一個人沒有辦法走得太遠，在這點上面，我很佩服曾國藩。曾國藩說：「辦大事以找替手為第一義。」也就是說，你想做一件大事，一件對社會有影響的大事，在你一輩子之內恐怕是完成不了的，所以一開始就要找將來的替手。

有一首歌〈如果明天就是下一生〉，這首歌很感人。哥白尼最重要的著作是《天體運行論》（*De Revolutionibus Orbium Coelestium*），但是他擔心會被教會打壓，所以一直沒有出版，最後他的學生幫他找到地方出版了，等到那書送到他手上，他只剩下最後一口氣，連眼睛都看不到了，摸摸書皮，手一鬆就去世了。我曾經將這個故事以舞台劇的方式呈現，我們不妨想想，如果明天就是下一生，你將如何度過今天？

我一直希望能夠把科學的尖端知識普及化，讓大家都可以分享。一方面是為了提昇社會的科學認知，另一方面則是希望讓大家明辨是非，提昇邏輯思辨的能力，讓社會知道如何判斷是非。

忙人時間最多

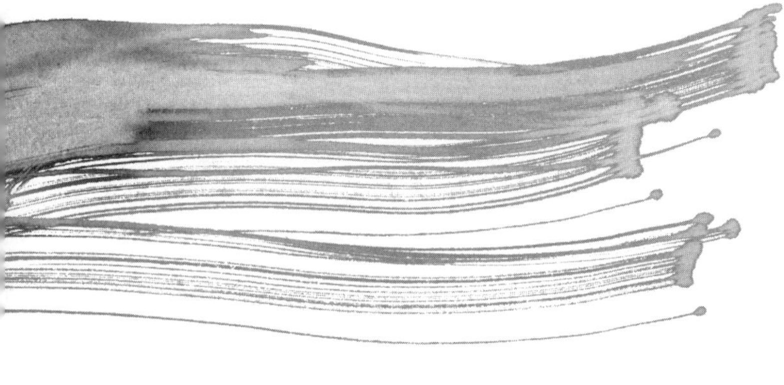

許薰瑩

現任維他露食品公司董事、臺灣山岳文化教育公司負責人、普陽廣告公司董事長以及法鼓山人文社會基金會董事，是跨傳統產業、文化教育事業、廣告行銷與公益事業的現代女性。因受父親影響，積極從事社會公益活動的推廣，從保護受虐兒活動開始，二十年來熱心公益，運用自己的資源用心奉獻、努力付出，尤其在與法鼓山創辦人聖嚴法師結緣後，更參與推動與心靈環保相關的公益議題，包括「好願在人間」、「心六倫」、「關懷生命」等。

一個人只要有心，把公益放在第一位，一定有時間做公益。不論再怎麼忙碌，也會挪出時間推動社會公益活動。

引領我做公益的導師是我的父親。父親的心地很善良，在家裡扮演慈父的角色，他以身教教導我要懂得「感恩」與「回饋」。父親因為經營企業的關係，對社會的脈動和現象觀察入微，早在二、三十年前，他便觀察到社會上有許多無辜的孩子們正在受苦，他們是一群需要被關懷的弱勢族群。所以他積極加入認養兒童的行列。另一方面，父親注意到媒體時常有兒童受虐的新聞報導，他認為，孩子雖是父母所生養，但並不是父母的私人財產，決定採取救援行動，和家扶中心合作，推動「一通電話救一個孩子」的活動，呼籲大家一起來關心及保護受虐兒童。當時的知名藝人張小燕、周華健、黃韻玲等人都一起響應這個活動，擔任兒保大使，這項活動受到社會很大的矚目，被拯救及輔導的成功個案，更有數十倍驚人的成長，在當時算是效果很好的公益活動。

之後，父親觀察到日本社會高齡化的傾向，也看到國內有愈來愈多的老人問題需要被關心，所以展開「祥和社會」和「關懷獨居老人」活動，當年的連戰和宋楚瑜兩位省主席，以及已經過世的布袋戲國寶李天祿大師，都曾經擔任這個社會公益的代言人。

傳承這項傳統，維他露基金會每年都會推出關懷社會的公益議題，像最近幾年推動「決定快樂」，要大家把心放在讓自己快樂的地方；先要讓自己快樂，才能和別人分享快樂，讓我們的社會更美好，這就是我對父親「回饋」社會理念的延續。

此外，我也追隨父親的腳步，長期挹注登山活動及登山雜誌，其中也有一段因緣。父親年輕的時候，曾經有一次罹患很嚴重的病，醫生認定他時日不多，讓他聽了很難過，想到去苗栗獅頭山的佛寺裡靜一靜。沒想到，山裡的好山好水、好環境、好空氣，加上每天爬山運動，改變了他的身體，讓他的病不藥而癒，算是一個奇蹟。從山上回家以後，父親就發願要好好愛護山林，讓更多人有機會認識臺灣的山岳，並也有機會像他一樣，走進山林、獲得健康。因此，父親除了積極贊助登山活動之外，他認為登山安全、山林介紹、生態教育也必須同步被重視，尤其未來是人人樂活的世紀，更需要有一本專業的戶外刊物，所以他創辦了《臺灣山岳》雜誌。

臺灣的山岳占了全部土地面積的三分之一，與國外比較起來，臺灣山林資源很豐富，只要開車一、兩個小時，就可以走到山邊。因此，我們應該要好好運用身邊垂手可得的資源，經常親近山林，讓自己更健康。發行這份《臺灣山岳》雜誌，正是希望提醒大家要走進山林、找回健康，同時也要重視自然倫理。

早年父親在經營事業剛得到一些利潤時，就開始每年提撥一定比例的金額，用來資助公益團體或協助推動社會公益活動。他常說：「一個人要取之於社會，用之於社會，才是真正的成功。」所以當我有能力略盡棉薄之力做公益時，我也希望和父親一樣，用做公益在自己的生命留下足跡。

父親經營飲料公司的創業過程非常辛苦，除了忙於公司和廠房的營運之外，還得拓展業務、開發新商品、考察最新機器、促成國外廠商合作等，這些事情排滿了他的行程。但儘管如此忙碌，我看見父親可以為一群弱勢家庭的孩子們暫時放下他手邊工作，每年撥出三天兩夜的時間，為這些孩子們舉辦「文化之旅」，陪著他們出外旅遊。當時我不免好奇，父親的工作這麼忙，怎麼可能挪出時間來？直到我在法鼓山誦念到聖嚴法師寫的四眾佛子共勉語：「忙人時間最多，勤勞健康最好」、「布施的人有福，行善的人快樂」這些句子時，我才明瞭，原來答案就在這裡。

只要認定奉獻自己、幫助別人是生命中最重要、最快樂的事，當然就會把它排在第一位，也會想辦法挪出時間來。

經由一位媒體界的朋友引薦，我有機會參加聖嚴法師帶的法鼓山菁英禪修營，在禪修中向法師學習把生活步調放慢下來，透過反觀自照、放下我執，來提昇自己。參加過禪修營後，經由練習，我漸漸提昇了覺照的能力，發現煩惱障減少了不少，身心更輕安自在，於是更能體會到聖嚴法師所說的：「佛法這麼好，知道的人這麼少，誤解的人那麼多。」因而發願要好好學佛護法，不讓自己的人生白來一趟。之後，加入法鼓山法緣會，有了比較多的機會參與法鼓山的活動，並且擔任義工。

擔任法緣會會長之後，聖嚴法師慈示我除了要好好帶領法緣會之外，還要協助人文社會基金會推廣「心六倫」和「關懷生命」。

以前，我做公益是看機緣，有需要我做又剛好因緣聚合的時候，我就去做。之後，閱讀了日本趨勢大師大前研一所著的《後五十歲的選擇》，我對做公益有了新的看法。這本書提出了一個觀點，人生到了五十歲之後，應該要運用自己前半生所累積的經驗和資源，好好地經營志業，讓這一生走完之後，會覺得這輩子沒有白活。所謂志業，就是慈悲喜捨、利益眾生的事。這也讓我想到，聖嚴法師說過：「急需要做，正需要人做的事，我來吧！」這正是人生應有的態度。原來，聖嚴法師早就告訴我該怎麼做了。因此，我變得比較積極、主動，希望運用自己有限的資源，讓更多人有機會了解聖嚴法師推動的「心靈環保」、「心六倫」和「關懷生命」。

以「心六倫」來說，這是聖嚴法師提出的人間佛法。為了落實「心六倫十年深耕計畫」，這幾年我們除了邀請到李連杰、林青霞等知名人士來擔任心六倫的代言人，並拍攝系列廣告，他們願意代言心六倫，都是因為認同師父推動的心六倫。

由於現今社會已經失序，所有的天災、人禍，以及人間苦難的根源，都來自道德倫理的失序，聖嚴法師不愧是一代宗教師，他很早即覺察到世局的變化，也比一般人更早看見人間苦難與動亂的根源。

這幾年來，我們周遭的環境不斷示現無常，全球經歷了有史以來最嚴重的金融風暴，臺灣也遭遇了半世紀以來最嚴重的水災，世界各地不斷傳出地震、颶風、乾旱、暴風雪和大水。這些驚世的災難，一再提醒我們要有警世的覺悟。聖嚴法師於二〇〇七年提出的心六倫，就是要我們從根源去改善人間苦難，以心靈環保來自度度人、淨化己心、淨化社會的人間佛法。

聖嚴法師將倫理的層面統合為：家庭、校園、生活、自然、族群、職場等六個面向，並且提醒我們：要做好倫理，一定要從每一個人的「心」做起，而這個心，就是自性、自心，藉著做好倫理，修好自己的心，也就淨化外境了，這就是他所提倡的心靈環保。

心六倫含括了人對人、人對事、人對物三個層面的關係，缺一不可。聖嚴法師曾說：「我們每一個人在這六倫中都擔任了多重的角色。」事實上真是如此，以我來說，在家裡，我是女兒、太太、媽媽；在社區中，我是住戶之一；購物時，我是消費者；在公司，我是經營者。這裡面的關係就涵蓋了家庭倫理、族群倫理和職場倫理，其中也有生活倫理和自然倫理的內涵，因此，六倫的實踐是無時無刻的。

至於如何實踐心六倫？學生時代我們都上過「生活與倫理」的課，教導我們要長幼有序、待人有禮，常說請、謝謝、對不起，遇到老師、同學要打招呼等，這些都是很棒的生活習慣。另外，法鼓山人基會提出的每月一實踐，提醒大家少欲、分享、淨心、簡樸、惜福、培福、恬淡、尊重、知足、利人、關懷、感恩，也都是值得內化為生命態度的信念。如果我們可以時時刻刻謹守心六倫的核心精神，先付出關懷，做好心六倫的服務與奉獻，並且盡量節約我們生活的資源，倫理也就能夠自然實踐了。

這些年來，看起來好像是我在努力推動公益，其實是藉由這個奉獻的機會，圓滿了我的人生，成長了自己。讓我這輩子活得更有意義、更有價值，也更開心、更無遺憾。我很感恩聖嚴法師給了我種福田的機會。

全球公民的跨境學習

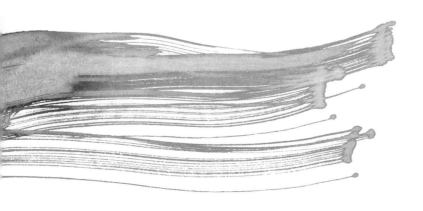

郭為藩

國立臺灣師範大學畢業，法國巴黎大學教育博士。曾任國立臺灣師範大學校長、文建會主任委員，教育部長以及駐法國代表等職務。現任兩廳院董事長及中法文教基金會董事長。

我在教育界服務多年，常有人和我討論教育改革的議題。我認為，教育改革的主要目標不外乎兩個方面，一方面是社會公平，也就是增進教育機會的均等，讓每個人都能接受教育，至少在起跑點能夠盡量地公平；另一方面是提昇教育的水準，也就是追求卓越的教育，使每個人能夠人盡其才，各適其位。因此，一般教育改革的目標應該是強調優質的教育。

教育改革要能夠成功，最重要的一個因素，就是要有一些配合的條件，我們常說是配套措施。第一個就是，任何一個教育改革必然要有一些師資改進的配合，譬如說我們談九年國民教育一貫課程的推動，必須要讓中小學的老師熟悉九年一貫課程的理念；第二個是配合課程的教科書、教材方面的改革；第三個是要配合教學方法的改進，這些都是使得教育改革成功的因素。過去我們在很多教改方面並不盡理想，我想最主要的一個原因，就是缺乏配套措施。很多決定往往倉促上路，在這個情況下，經常因為時機還沒有成熟，便急著推動改革，結果難免要付出相當多的社會成本。

我們正處在一個急速全球化的過程，全球化不僅僅是在於經濟貿易方面貨暢其流，另一方面也是文化方面的全球化，教育方面的全球化。在教育方面，尤其是高等教育的全球化，是很重要的趨勢。在此情況下，我們的學生，不僅是大學生，中、小學生也一樣，應該要有全球化的視野和文化通識，除了知道要愛國，重視自己的文化之外，也要意識到自己是一個全球公民，要有全球公民意識，譬如說生態保育、節能減碳就是一種全球化的觀念。另外一個很重要的工作，就是考量現在的市場是一個全球化的市場，特別是大學教育，學生流動非常頻繁，國家在教育方面的競爭力日益重要。所以，很多國家強調優質學校運動，重視品質保證，這就涉及教育品牌的理念。

由於人口流動愈來愈頻繁，國界的觀念，特別是文化疆域的觀念慢慢淡薄，在這種情況之下，公民的文化認同漸趨重要，特別是多元文化教育的課題發展。今天我們所面對的是一個全球化的環境，是一個高等教育需要競爭力的環境。

我認為要提昇年輕人的競爭力，最重要的是開闊的視野。在這樣一個全球化、國際化的大環境，全世界年輕朋友都在跨境，都在流動。以歐盟會員國來講，大學生在學期間到其他國家去接受半年或者一學年教育的人數，已累積將近三百萬人次，所以跨境教育對於年輕人來說，是很重要的。

遊學和留學一樣重要，我們以前認為一定要留學，一定要拿到學位。事實上，我們現在強調的遊學並非遊玩觀光，是指到國外大學至少停留半年或一年，有計畫的安排，深入了解其他的文化環境。

臺灣的自然資源很有限，靠的主要是人力資源。以第一代留學生來說，過去臺灣在美國大學就讀的留學生，經常有三萬多人，現在已經降到二萬多。過去我們排在前三名，現在已經位在第五名之後了，目前美國大學留學生最多的是韓國、印度、中國大陸、加拿大。臺灣第一代的留學生，像我個人在內，大家渴望到國外去闖天下、去學習新知，但是這種氣氛近年來已經逐漸式微。這種跨境的教育必須繼續維持，維持這種跨境學習的勇氣和信心，到國外去學習，否則臺灣的生命力會慢慢萎縮。我認為跨境教育會是我們今後教育政策裡很重要的一環。

很多人討論到兩岸學生的交流，似乎過分強調學校將來會因為少子化而使學生愈來愈少等問題，很少人想到，應該讓年輕人到大陸去。我不贊成他們去大陸修學位，但至少讓他有半年、一年的大陸經驗，這個很重要，我們要讓臺灣的年輕人有更多的國際視野。

其次，我們要培養年輕人一些核心能力，所謂核心能力，例如外語方面的能力，在東亞國家之中，我們過去的外語能力不算太差，但是面對全球化的環境時，我們的外語要更強。歐盟從二〇〇五年開始，大學除發畢業學位證書外，另附有所謂 **Diploma Supplement** 的文憑補充證件，就是說你不只拿一個學位而已，在學位證書外還有一個附件，上面註明你有哪些基本能力。包括所獲得的各種能力認證，例如在電腦運用方面到達第幾級，外語（閱讀、了解、表達、書寫）到達第幾級，這樣才能證明你的能力實際程度，而不是只拿到一張文憑或學位。因此，大學生核心能力的培養，也要經過檢定、評量，這是很重要的。

此外，應積極培養年輕人團隊合作的能力，現代人到跨國公司任職的機會愈來愈多，同事們都來自於不同國家，所以要了解他們的文化、尊重彼此文化的差異。

而文化認同也是很重要的，我們應該讓年輕人對傳統的中華文化、核心的人文精神具有相當的認識，包括人文精神、倫理道德等文化精神，至少要能夠說出一些基本文化的道理。

提到倫理道德的文化精神，把自己的角色扮演好很重要。其實，我們每個人在社會生活，都在扮演一個角色，無論演什麼角色，都該盡本分把角色演好。例如擔任教職就要做好老師的角色；任公職就要做好公務員的角色。我就是抱持這種態度，盡量把現在的角色專心做好，不要分心在其他的事情。

《論語》說：「不患無位，患所以立，不患莫己知，求為可知也。」換句話說，我們現在有什麼職位，就是別人給你的一個機會，但是最重要的，要把自己本身的素養充實起來。因此，傳統社會有分天爵、人爵，天爵是靠自己慢慢努力來累積的，人爵則是外來的職位，例如教育部長、校長之類職位，這些職位是別人給的。

在現實環境中，每個人難免都有挫折，應該要學習接納挫折；最重要的是，要不斷地努力加強。另一方面，對於不是很順遂的情境，要能夠自我接納。俗話說：「他人騎馬我騎驢，仔細思量我不如；回頭又見推車漢，比上不足下有餘。」你騎著一匹驢子，看著別人騎馬當然很羨慕，你雖然春風得意，但有人比你更得意，人比人氣死人！但是你回頭看，也有推車的人，雖然比上不足，但是比下有餘。所以自我接納，我認為是讓心境能夠平靜下來很重要的因素。

一個人的運氣固然重要，福氣也很重要。你要有口福，就要懂得品茶，你會欣賞茶，懂得品茗藝術，自然而然你的收穫就會比別人多。你懂得欣賞音樂，自然而然就有更多的休閒生活享受。你有視覺藝術的素養，同樣可以更有眼福。因此福氣是要靠自己平日修來的，運氣則不一定是靠修養，有人文修養的人，即使運氣不是很順遂，福氣卻仍可得。每個人的環境、遭遇不一樣，但是心境要保持愉快，要寬心、安心，才能有好的人生。

我的運氣和福氣都很好，能和內人有共同的生活理念。別人請我在婚宴致詞時，我通常會提醒新人要做到三個「體」：第一，要體貼，隨時要想到另一半，為對方設想。我們臺灣中南部有所謂「半口井」，有錢的人鑿井，常常將井的一半放在牆外，一半放在牆內，以便與未有開井的鄰居分享。所以夫妻之間，要懂得和另外一半分享。第二，要體諒，每個人難免有情緒不好、煩躁或壓力大時，所以夫妻間要彼此體諒，共同負擔家事。此外，夫妻要有共同的生活體驗，比如說我常和內人一起參加藝文活動，經常一起散步、一起運動，有時候看到好的資料、好的書、好的文章，都會互相分享。對自己的親人如此，對周遭的其他人，同樣泛愛眾而親仁。

因為我在教育界服務多年，在法鼓山聖嚴法師提出的「心六倫」運動中，我特別關心的是校園倫理。我擔任國立臺灣師範大學校長六年，格外重視校園中老師的角色，也就是師道。老師不只是要把書教好，還要對每一個學生有個別化的關懷。前一陣子我參加師大同事李述德教授的八十大壽音樂會，很多世界各地著名的小提琴家學生都回到臺灣，五代同堂。後來我發現，為什麼這麼多知名的音樂家願意自費回臺灣幫老師慶生，最重要的是，學音樂都是個別化、一對一的指導，所以師生情感特別濃厚。因此，一個老師要和學生建立個別化的關係，就要盡量做個別化的關懷。

還有，我認為老師有時候要讓自己看起來可愛一些。我記得美國開國哲人班傑明・富蘭克林（Benjamin Franklin）有一句話說：「你如果希望別人喜愛你，你要先喜愛別人，而且要可愛一些。」我常常在師大很多場合強調，老師本身要可愛一點，老師不是給人敬畏的，而是要讓人家喜愛的。

今天在教育上一個共同的趨勢，就是培養義務的觀念。權利和義務是不可分的，像日本或其他先進國家的教育改革都強調，每一個學生都要有做義工的經驗。服務為快樂之本，要重視這種做義工的服務觀念，幫助社會的弱勢。

現在媒體過分重視「比較的價值」，比如說今天學校要評鑑，多少名的排次、總共發表多少篇的論文、有多少位的名師、學校的社會知名度如何……，比較價值不一定可取，我們要重視的是每個人資質的價值，每個人都有他的資質，發揮個人的資質，做出對社會最有價值的事情，就值得鼓勵。

現代人要有「三度空間」的倫理，第一個是人與物的倫理，我們要有自然生態保育的觀念，要有自然生態倫理；第二個是人與人的倫理，不僅是五倫，現代需要強調第六倫，就是群我關係，與不認識的社會大眾的倫理關係，也就是公德心。第三個是人與天的關係，對生命意義的體認，也要有統合的生命教育，知、情、意並重的倫理系統。

以身作則推動倫理道德

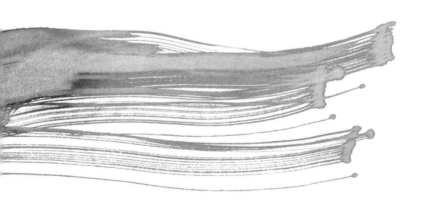

黃石城

曾任彰化縣長，行政院政務委員、總統府國策顧問以及中央選舉委員會主委、國家文化總會副會長、祕書長，現任臺灣傳統基金會董事長。黃石城亦是臺灣品德教育的推手之一，他不但身體力行，而且大力推廣品德教育。

中國大陸近年來非常尊孔，視孔子為非常重要的哲學家、書法家、教育家，我曾應他們邀請，到孔子的故鄉山東曲阜縣，參加孔子誕辰祭孔大典，以及孔子世家族譜細修完成的儀式，這兩項活動都辦得非常隆重，可以說曲阜縣全縣都動員起來了。大陸的祭孔大典比較簡單，不像臺灣遵循古禮，古禮就是要行三獻禮，他們沒有三獻禮，但是仍有八佾舞。我以前當彰化縣長時，每年都當主祭官，早上五點鐘就要到場，三獻禮的儀式至少要進行兩個小時。

大陸在文化大革命時期，因為批孔，毀掉了很多中國固有的文化。現在大陸經濟發展快速，相對地，許多治安、家庭、青少年問題陸續出現，社會風氣受到很大衝擊，大陸領導當局審慎思考後，認為應該努力恢復儒家傳統的倫理道德。因此，中國大陸目前非常重視孔子的思想，在大陸各地及世界各國成立孔子學院，並設置了孔子文化獎和孔子教育獎，這兩個獎都是國際性的獎項。

大約在一九九〇年的時候，我第一次訪問大陸，當時的中國國家主席楊尚昆在人民大會堂福建廳接見我。那時候的大陸很貧窮落後，他們看「臺灣錢淹腳目」，一直想學臺灣，但是我認為臺灣的經濟雖然看似很繁榮，可是善良人性消失、倫理道德淪喪，有很多嚴重的社會問題。因此，我當時就建議楊尚昆：「你不要以為臺灣有七百多億的外匯存底，你就學臺灣，其實臺灣有很多問題。中國的發展應該學新加坡。」

我認為在功利主義的社會，倫理道德、價值觀慢慢喪失以後，就會產生社會風氣敗壞、治安惡化、青少年問題、毒品問題以及家庭問題，這些問題要怎麼解決？在新加坡，他們就是以「重視儒家倫理道德」來解決這些問題，他們以儒家思想來面對西方的功利思想。功利思想最主要就是講求利害關係，人與人之間沒有道義，只講有無利益，如此一來，便難以治理國家。

我建議楊主席要重視教育，尤其是道德教育、倫理教育。中國大陸有十三億人口，如果國民沒有道德、沒有倫理的話，會導致社會大亂、天下大亂！唯有重建倫理道德價值觀以後，才能喚回人性。因此大陸設立許多孔子學院，積極推動倫理道德建設，這個作法非常正確。臺灣也是一樣，從民間到政府也應重視倫理和道德重建的工作。

政治人物的執政良心很重要，要注重道德，尤其是政治道德。提昇民眾的品格也很重要，如同法鼓山聖嚴師父說的，要提昇人的品質。我在當縣長時，一直很努力於提昇縣民的品格，致力於推動道德教育，將彰化縣變成一個道德縣。我曾經說：「政府如果做好路給壞人走，等於是給壞人方便，這樣不好。」所以我在議會被議員質詢時，如果有人說壞話，我就會用這句話點醒他們，言論要有道德。

當前社會，反道德、反倫理的人很多，他們認為倫理道德是封建制度的產物，現代化的社會，講倫理道德是很落伍的思想。不然就是認為倫理道德很抽象。我認為這些都是歪理，就是因為道德淪落，人們才不清楚道德是什麼。

倫理道德是人性的具體行為，可以說一個人如果沒有倫理道德的話，就是沒有人性，所以，倫理道德是人人都該具備的。倫理道德就是生活，生活就是從家庭開始，長輩、父母親一定要以身作則。學校教育也是一樣，老師要身教重於言教，做孩子的模範。社會教育也很重要，要敬老尊賢。當年我以縣長的身分，帶頭落實道德教育。在學校方面，我們有道德教育評鑑委員會，也有道德教育巡迴車，專門到各學校去推動。雖然成效無法立竿見影，不過學校的校長、老師至少都清楚了解縣長主政的理念。另外，我利用彰化既有的五七九個村里的村里民大會，花了三年時間，親自去講說倫理道德的重要性，希望民眾實踐，可以說推動得相當徹底。

我的成長經驗告訴我，溫暖的家庭，親情自然溫馨。我和父母親的互動，從小就很密切、很自然。我放學回家時，一定馬上先找母親。母親會先問我：「你今天回來的路上有沒有碰到什麼人？」第二句話再問我：「你有沒有先和他們打招呼？」這就是很有人權的觀念，因為你懂得尊重人。我長大後讀到人權觀念的書籍時才了解，母親當時就已教導我要維護人權。當時我們的鄉里只有我一個人念大學，所以她告訴我：「你不能因為別人是挑糞的，就不尊重他。」後來我進入社會，就不分階級，平等維護人的尊嚴。

我念大學二年級時，父親生了一場大病，當時鄉下醫生很少，父親又病得很嚴重，我母親把喪事的用品都買回來了，已有辦後事的心理準備。我在臺北接到電話，連夜趕回去，回到家裡大概三、四點。我借了拖車，將父親拖走。母親那時一直反對，因為當時的習俗是，人如果死在外面，就不能放在廳堂。我不顧母親的反對，硬將父親拖到彰化，走了差不多兩個小時。當時我父親相當虛弱，碰撞不得，我一路得小心翼翼地拖行。到了醫院以後，醫院不收，我就去找醫院的董事長，他是地方上的士紳，董事長於是告訴醫院的院長：「病人的孩子好像很開明，應該不會發生醫療糾紛。」後來，醫院就接受了父親，馬上幫他輸了四、五千CC的血。住院一個月之後，父親的病就好了。當時，這件事讓我村裡的人都很感動。

我跟母親的感情很好，無話不聊。我母親去世的時候，我很難過，有長達一年的時間，每天早晚還是到她的房間去看一下，好像給她請安問好一樣。我父、母親的銅像現在還放在客廳，我每天回去都會向他們行三鞠躬禮，我的孩子、孫子也會，我想這應該也是一種身教。

倫理道德教育，父母要以身作則才能夠帶動。雖然我的孩子們念的都是名校，但這些都是次要的，我要求他們一定要有倫理道德的修養。如果沒有倫理道德的修養，即使拿了幾個博士學位、做了大官，或是賺了幾十億、幾百億，都是沒有意義的！因此，我認為不管我們做什麼事，倫理道德是最重要的。

超越兩性的新聞視野

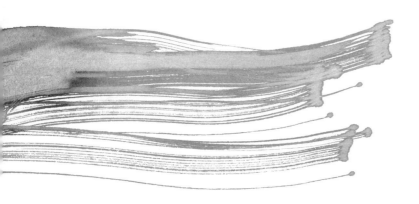

黃肇珩

國立臺灣師範大學社會教育系畢業，曾任中央通訊社記者、國內新聞部主任、《中華日報》社長、正中書局總經理、監察委員等職。

我從事新聞工作的因緣，應該是來自我叛逆的性格。

我念國立臺灣師範大學時，當時師大最熱門的科系是教育系，但是我卻選擇了社會教育系。社會教育系那年剛剛成立，創立這個系時，對於目標、課程、師資，還沒有很好的規畫，就開始招生了。因此，第一年開課時，我們沒有系主任，只有一位助教施金池先生來帶學生，教育學院院長田培林教授則是代理主任，他不是很贊成設立這個系，偶爾和我們見面談話時，就勸我們轉系或是轉校、重考。我們這一班就像「孤兒」一樣。第二年，系主任孫邦正老師來了，他把社會教育系分成圖書館組、新聞組、社會工作組三個組，我想，記者好像都在寫文章，我自認滿喜歡寫文章的，所以就選了新聞組。就是這麼一個因緣，因為自己叛逆的性格，進到了一個非常陌生的領域。

雖然選了新聞組，我還是一心一意想去教書。不過，當我畢業時，導師于衡教授說：「你們是第一屆畢業生，要出去打天下，為學弟妹打先鋒。」即使于教授這麼說，我還是想去教書，那時候，統計學老師程法泌教授剛好也有意介紹我到師範學校教書。于衡老師在謝師宴時問我未來的動向，我說要去教書。于老師聽了非常生氣，當我離開謝師宴會場時，老師在我後面丟下一句話說：「黃肇珩，如果妳認為去做記者是跳火坑，妳也得跳！」師命難違。他還找了我的先生馬驥伸，當時是我的男朋友去訓話，問說是不是他不讓我去做記者？于老師並且要他說服我去當記者。

我就在這樣的情況下，分發到中央通訊社實習，我當了一個月的實習記者，表現得大概還不錯，就被留下來繼續實習，經過甄試，成為中央通訊社的試用記者，然後才獲得正式聘用，沒想到在中央通訊社一待就是二十年。

五十年代的臺灣新聞界，是以男性為主，女性要在這個圈裡闖出一片天很不容易，我想，我做到了！其中有幾個因素，包括我很喜歡寫作，中央社原本已有很好的訓練，再加上我的個性有些叛逆，也有一點創意細胞，我寫新聞就是要突破傳統，想跟別人不一樣。撰寫新聞特寫時，我試著把文學融入進去，例如，把徐志摩的詩當作導言；我把特寫視同一篇文章來處理，注意前後呼應、現場感和用字遣詞。很快地大家發覺這個記者所寫的特寫風格很不一樣，也因此獲得編輯先生的青睞，經常登上各報的版面。後來，我寫的特寫稿被戲稱為「黃派特寫」。

這段經歷給了我一個啟示，興趣是可以培養的。事實上，我原本並沒有想做記者，而是在工作中慢慢培養了興趣。

那個年代，不僅臺灣新聞界是男性的天下，政府機構的單位主管也幾乎是清一色男性，偶爾點綴一兩位女性。婦女在社會上的地位低落，甚至是受歧視的。

身為一位女記者，首先要面對的是如何克服、消除採訪對象潛意識對女性的排斥，贏得他們的尊重，使他們打從心裡覺得這個女記者值得信賴和肯定，如此，採訪對象才願意與我談問題，並放心把新聞交給我報導。記者和採訪對象建立互信的最好作法是：在第一次報導時，就要注意內容正確，不杜撰、不加油添醋或者是斷章取義，採訪對象自然對記者產生信賴、肯定，如此就會輕易邁開記者的第一步。

例如在一九六〇年代，臺灣社會的醫藥衛生不像現在這麼進步，也沒有媒體指派記者專門採訪醫藥新聞。那時候我剛打開記者之門，中央社對記者的訓練非常嚴格，要求也高，不會讓一個剛出道的記者去採訪很重要的新聞。一開始，我幾乎沒有分配到什麼好路線，像是人民團體的相關單位通常不會有重大新聞，經常沒有什麼新聞可寫。久而久之，讓我曾懷疑自己是否適合當記者。但是，不服輸的性格，激發我不可坐待機會，必須要自己找一些事情來做，一位同事提醒說：「我們的記者沒有人採訪醫院新聞，妳為何不去跑看看？」於是，我就去跑醫院新聞。

當時，臺大醫院是全國唯一的教學醫院，也是最權威的醫院，但是對我來說，卻是非常陌生的場所，我進去繞了一圈，發現有個社會服務部單位，我推門進去一看，全是女性，心裡感到好開心。在自我介紹以後，她們很驚訝會有記者來採訪，所以熱烈歡迎。一位職員立刻問我：「能不能幫忙做一件事？」她提到，一個七歲的小男孩罹患小兒痲痺，必須動手術治療，但家裡沒有錢付醫藥費，所以希望我能幫忙報導，讓社會善心人士幫忙捐款。我把這則新聞發出去以後，竟然各報都刊登了，很多人捐款到臺大醫院社會服務部，醫院也就為這個小孩動手術。我繼續跟蹤這個病例一直報導下去，直到他出院為止。這一連串的後續報導，許多報紙也都持續刊登，因為這是個有後續發展的新聞。這名孩子出院時擁抱我說：「謝謝阿姨！」他的父母也都對我很感激。

我因此體會到，記者的筆可以做一些讓社會大眾一起幫助人的事，對人類可以有扭轉際遇的能力，這個經驗對我的記者生涯，產生非常深遠的影響。採訪對象對我的感激，給了我信心和鼓勵，讓我深受感動。也因為這則新聞，我和臺大醫院建立了很好的關係，這也是另一個很大的收穫。

一個成功的記者要具備很多條件，其中最基本的應該是中文和英文的語文基礎。記者的文筆很重要，表達能力在快速中力求精準，新聞講求時效，沒有太多可以慢慢思考揣摩的時間，所以中、英文的表達能力要好。我特別提到英文，因為採訪如果要透過翻譯，會很不方便，氣氛也容易被稀釋。

另外，記者還要有專業的素養，具備採訪、寫作等技巧，記者應該注意平衡報導，並且要時時做求證，這是最基本的新聞倫理。記者起碼應該做到不說假話，不杜撰新聞。現在的新聞可以杜撰、照片可以合成、數據可以自創，真是令人痛心也憂心！

媒體的出發點與動機應該是在求真、求善。不真，就不是新聞原始的本質；不善，就不是人類應該有的或追求的文明，這就是最起碼的記者素養。

媒體對記者的要求，除了寫作必須力求正確，內容也要精練，避免長篇大論。當然，交稿速度也被嚴格要求。然而，正確和速度是不易兼顧的，現在媒體為了搶新聞，往往未經求證，搶先播出、刊載，所以常常發生錯誤，為了求快而不求證，犧牲了閱聽人的權益。

我很感激中央社，在中央社接受的嚴格訓練，對我後來的每一個工作都很有幫助。中央社對記者要求非常高，尤其是新聞的正確性；新聞寫作不墨守成規，也允許創意，可自闢採訪路線，有很大的自由揮灑空間。各階層主管都重視新聞專業理念，也很有肩擔，他們的品格、風範，都是我的典範。經由相關的新聞訓練，可以讓記者注意事件背後隱伏的真相，辨別真偽，以及培養邏輯觀念與敏銳反應；此外，閱讀速度和表達能力也能相對提昇。

我後來擔任監察委員期間，工作性質在某些部分和記者工作很相似，我發覺記者的訓練對我有很多的助益。例如我們到一個單位去巡察，通常那個單位在簡報時，會提供許多書面資料，我們要快速閱讀，我一邊聽報告，一邊迅速閱讀資料，抓住重點，找出問題，立即提問，很多委員喜歡和我在同一組，他們對我的反應快速，常予讚許。

我常說，記者的工作是很迷人的，每一天都在接觸新的事物，發掘新的問題，永遠在進步；但是相對地壓力也很大，因為每天截稿都要算一次帳。

近年來，臺灣新聞媒體發展快速，也出現了許多為人詬病之處。新聞界被稱為「製造業」或是社會亂源，令人相當難過。但是任何民主國家，都不能沒有媒體，媒體還是能發揮很大的監督政府功能。但媒體在企業化之後，新聞專業觀念也會日益淡薄。現在的媒體經營者和過去很不一樣。過去的經營者被稱「報人」，講求專業理念，比較強調倫理道德；現在媒體的經營者注重的是企業化和利潤，在這樣的情況下，影響媒體經營政策很大。

現在的新聞來源多元化，除了報紙、雜誌、廣播、電視之外，還有網路，媒體生態、社會生態以及讀者生態都改變了。媒體為了求生存，必須考量如何吸引閱聽眾，於是羶色腥新聞成為各類媒體追逐的方向，讀者也被餵養得胃口愈來愈大，媒體對各方指責都有一個藉口。媒體說是因為讀者需要，他們有知的權利；記者則說是因為老闆要他這樣報導，所以他必須這樣寫。大家各自站在自己的立場互相推諉，卻忽略了他們所應負的社會責任。

近年來報紙風行使用示意圖，替代無法取得的現場新聞圖片，原意是希望幫助讀者了解事件發生過程，但是有些媒體竟然不註明是示意圖，有欺瞞讀者之嫌，也有違新聞誠信。

我比較擔心的是，民眾真的喜歡看羶色腥新聞嗎？如果是真的，臺灣社會確實生病了。電子媒體曾經做過調查，如果新聞播出的第一條或第二條新聞不是社會新聞的話，收視率就會掉下來。我先生馬驥伸教授，曾在大學院校任教新聞倫理課程，也出版相關著作，他常常應邀參加新聞媒體諮詢會議，他問電子媒體的主管們，新聞報導能不能第一條或第二條不播報社會新聞？他們說不行，如果這麼做，兩個月以後不是他們走路，就是這個電視台關門。

我懷疑真的有這麼嚴重嗎？

我覺得，改善惡質媒體，讀者其實可以扮演重要的角色，發生很大的影響力，媒體還是很重視閱聽人的意見。我相信集合讀者的力量，一定可以促使媒體改善。假如讀者都反應我們不要羶色腥新聞，媒體就少了藉口。此外，我們的新聞教育要加強，新聞倫理應該列為新聞系所的必修，新聞倫理其實也是保護記者。

歸納起來，幾十年來我在工作上，一以貫之的態度是誠和勤。誠就是誠懇、誠實，勤就是勤奮、勤快。誠，我用以對人，勤則是用以對事情。我在任何一個階段或任何一個領域工作，都依循著這兩個字。

在我那個年代，還存有重男輕女的觀念，女性必須比男性更加努力來證明自己的實力，才能得到肯定。我沒有很高的學歷，也沒有耀人的背景，不喜歡逢迎與討好長官，做事很堅持原則。我做事的原則就是：我對我的工作一定全力以赴，踏踏實實、一步一腳印，向前邁進。

我從中央社記者、主任，《中華日報》社長以至正中書局總經理，每一次陞遷都要接受各種考驗，每一個階段的工作皆是一個挑戰，需要去突破。性別，成為陞遷的重要考量，例如我由中央社記者陞副主任，主任對我說，妳是女性，不會在意陞遷，先讓男同事陞副主任。接任國內新聞部主任，社長事後告訴我，他們唯一的顧慮是，女主任能否帶動數十位記者，其中百分之九十八都是男性，而且大部分都比我資深。出任《中華日報》社長、正中書局總經理時，我的性別都成為討論的重點，出現同樣的聲音：「一個女主管，經營一家報社行不行？」「一個女性，這樣大的一個書局，有沒有能力把它經營好？」

衝破性別原罪的思維，我很榮幸、也很幸運，在這些服務單位創下第一個女性主管的紀錄。

在這樣的情況下，我一定全力以赴，以工作的成績來證明女性是可以做到的。我除以誠待人之外，會非常勤快地學習，而且很有責任感。我常向長官表示：「你交給我的工作，假如我沒有做好，絕不是在敷衍，一定是我能力不夠；假如我能力夠，我一定會把工作做好。」我接任《中華日報》社長時，報社正逢嚴重虧損，我直到把它經營至上軌道，轉虧為盈後才離開。之後，我到正中書局任職，決心要把正中書局六十年的招牌擦亮，我真的做到了。外界看起來，我一步一步地往前走，似乎很光彩、很容易的樣子，事實上，過程是非常艱辛的，尤其是一個女性，要在男性世界裡冒出頭來，確實要比男性付出更多的努力。

至於事業和家庭如何兼顧，我沒有什麼祕訣，只是在我的工作裡體悟出來兩句話，我常用這兩句話鼓勵我自己，也鼓勵很多婦女。那就是：「在工作的時候，忘掉妳是女性；回到家裡，記住妳是女人。」

許多人曾經問我，「妳做過這麼多工作，會不會對妳先生造成壓力？」我也問過我先生，他回答說：「沒有壓力，因為我是教練，妳是球員，球員表現得好，都是教練的功勞。」

我大學畢業後第二年就結婚了，所以一路走來，他都陪伴著我，他不覺得我的頭銜在轉變，只覺得我是換一個工作，面對一個新的挑戰。

我們的家庭很單純、很溫馨，最重要的一個因素是充滿愛。沒有愛做基礎，什麼事情都很難做好，因為有愛，就會有寬容、有包容，愛是建立幸福家庭很重要的要素。

創意思維來自文化

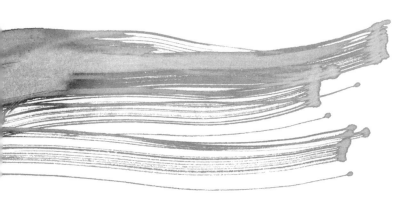

劉兆玄

一九六五年畢業於臺灣大學化學系，以六年時間完成碩士及博士學位，獲加拿大多倫多大學化學博士學位，回臺後在清華大學擔任副教授。之後，由教授、理學院院長一路陞遷至清華大學校長。一九九三年，被政府延攬出任交通部長，展開「學而優則仕」的政治生涯，曾任交通部長、國科會主委、行政院副院長、行政院長等職務。二〇〇九年辭去行政院長，二〇一〇年元月接任國家文化總會會長，成為史上第一位非元首的國家文化總會會長。

常有人問我，家中六個兄弟全部都是博士，父母親是採取什麼教育方式？其實，我的家庭和一般的家庭沒有多大差別，不過，也許因為我母親畢業於師範學校，所以對於教育孩子有特別的心得，對我們會有比較多一點的督促，絕不讓我們浪費時間，我們玩的時候，母親讓我們盡量開心地玩，可是我們除了學校的功課、作業之外，尤其是寒暑假期間，她會另外規定很多作業，比如說要我們寫書法，或者背誦一些詩詞、《古文觀止》……，她不僅是說說而已，是要驗收的，這點她是滿嚴厲的。

因此，我們可能比其他家庭的孩子來得多一點藝文方面的涉獵。但是我們不以為苦，而且認為這些詩詞和文章裡面滿有內涵的，所以還會自己多閱讀、多接觸，興趣養成和讀書風氣對於一個家庭相當重要。

另外，我們家兄弟多，有個好處是大家一起讀書時，可以一面做功課，一面聊聊天，而且我在課業上遇到問題就直接問哥哥，馬上就可獲得解答。我們的家庭真正做到「兄友弟恭」，大哥就像我們的典範，也很照顧弟弟們，我們都很崇拜他。大家在一種非常有趣而且快樂、互相幫助的氣氛中學習，使得家庭氣氛很溫馨和諧。

很多人知道我在高中時寫過武俠小說，其實我是在高三時寫的，說起來有點奇怪，高三為了準備大學聯考，應該是最忙的時期，怎麼還會有時間寫武俠小說？我事後想到一個原因，因為高三要念很多書，心裡非常苦悶，可能是因為想逃避升學壓力，就去做一些別的事情來轉換心情。武俠小說寫的都是天馬行空的事，裡面有很多幻想的情節，因此在寫作或者在構思的過程中，心情真的是可以得到舒緩。

我會寫武俠小說是因為我是武俠小說迷，當時我們的娛樂不多，除了正經八百的書以外，武俠小說算是比較有娛樂性的。像金庸小說會對讀者有些啟發，因為小說除了涵蓋歷史之外，還有哲學思想在裡面，金庸小說中的人物讓人覺得很喜歡，而且小說又是那麼地非現實，可以有很多思考或者是幻想的空間。

嘗試寫武俠小說還有一些因緣際會，那時候我們熟悉的一個租書店在徵稿，我和弟弟劉兆凱覺得好玩，就去試試看。沒想到我們一試就欲罷不能，因為小說很受歡迎，就這樣一直寫下去。

不過，寫武俠小說也和我的個性有些關係，我的思想比較不受拘束，較喜歡搞創意。可是剛開始寫時很快樂、很好玩，後來簽約之後，就不好玩了。

我的興趣相當廣泛，不但熱愛人文、畫畫，也喜歡理科，所以大學念的是化學。我其實滿隨遇而安的，也沒有很認真做生涯規畫。我一開始是隨波逐流，例如當時我在臺大化學系，假設有五十個同學畢業，恐怕有四十個都出國留學。因為念臺大化學系的人大都會想做科學研究，那時候大家都覺得要去最先進、最尖端的地方學，所以會選擇出國。

回國以後，我希望成為一個好教授，受到學生的歡迎；在研究方面，臺灣那時剛剛開始重視學術研究，從事研究可以申請到一點經費補助，我也希望把研究工作做好。

人生轉折點很奇妙，總會有人主動來找你，譬如那時候的國科會要成立一個企畫單位，需做整體規畫，覺得我很適合擔任主任委員，便來徵詢我的意願，經過一番思考，我決定去試試看，因為我一向對於學術的各方面問題都很有意見，與其有意見，乾脆就去試試看。雖然是新挑戰，但也做得很順手，本來規畫是做滿原先答應的三年，我就回學校，然而，之後又有一些狀況發生，所以我就這樣在學校和政府之間，往返了好幾次。等到做交通部長時，我就辭掉教職。我認為，當自己停頓之後，已經沒辦法在尖端的學術當中有自己的創意或執行，應該把機會讓出來。

後來，因緣際會之下，我到東吳大學去當校長。東吳本來不算是一個研究型的大學，我做校長後把它定義為教學型大學，因為我看學校有這個潛力，朝這個方向努力之後，第二年就獲得大家的肯定。

每個工作都會有困難，就看自己怎麼去把它做好。人生的「轉折」就是這樣！很多的轉折都不是在規畫中，是不能預料的，很多事情的發生不是自己能控制的。可是有一個事情是不曾改變的，那就是不管在哪個地方，我都會喜歡那個工作。每個工作我從第一天上班開始就決定，要把事情做到更好、做到和以前不一樣。慢慢地就會做出成就感，有成就感就很容易喜歡那個工作。

我在工作上沒有太大的挫折，基本上就是做自己喜歡做、想做、值得去拚的事，雖然一定都很困難，但假如那些事情一點困難度都沒有的話，應該也不會有多少的成就感。

從現有的思考模式跳出來，這即是創意的來源，創意從哪裡來?常常來自於你從另外一個高度來看問題時，創意才會出來。

創意思維的培養，文化內涵是最基本的，很多事情最根本的地方要從文化做起，最高的表達也要從文化呈現，所以要重視文化。另一方面，很多人都說要重視文化、要提倡文化，可是真正去做的人並不多，因為不知從何做起。

就是因為文化工作很重要，我在卸下行政院長職務後，主動向馬英九總統要求，希望能到國家文化總會當義工。國家文化總會不是一個政府機關，政府從來不編預算，由於是社團法人，所以經費全部都要靠自己募款。文化總會缺錢、缺人，可是有一個最大的資產，就是高度。過去國家文化總會的會長一直是總統在做，所以總會一出手，就有它的高度。所謂高度，就是所做的事是屬於登高一呼的，如此就會帶動很多人來做，而不是每樣事情都要自己去做。

我舉個例子，文化總會現在正和中國大陸在商談一個中華語文的雲端資料庫。最早的構想是來自於希望兩岸合編一部通用的辭典，因為兩岸有些詞彙的寫法、用法、念法都不太一樣。但是我認為出版辭典，不僅要花很多時間、金錢，而且要投入很多的力量，可能辭典印好後就落伍了，因為新的東西趕不及放進去了，如此，每年都要做修訂，這是很傳統的作法。現在的作法應該是建立一個資料庫，利用雲端計算的技術，把東西建立在資料庫裡面。資料庫不受頁數、空間、時間的限制，可以有無限的空間繼續增長。

我始終認為，漢字是人類最漂亮、最偉大的字，我希望把漢字延伸出來的內容放在雲裡面，永存不朽。雲端資料庫還有很多好處，譬如，你可以很快就知道哪些字是常用字、常用詞，哪些字用過一陣子就不再流行了。雲端大辭典是公共財，也是中國人的驕傲，我相信將可永久傳世。

兩岸文化有一個最大公約數，就是中華文化。但是臺灣因為是一個移民的社會，經過很多次的移民，而每次的移民都會帶入一些新的文化和原有文化的融合。我們在文化上有其特色，具有中華文化的底蘊做為基礎，再融合很多不同的文化，不管是西洋的、東洋的、原住民的、南島的，這些文化在臺灣都做了很優質的融合。

靜態的文化，可以到博物館和美術館去找。活的文化在哪裡？活的文化就在人的身上，就是你我的生活。許多大陸遊客對臺灣印象最深刻的不是一〇一，而是臺灣人從容與自在的生活方式，以及尊重別人的態度。這些是我們無窮的保障，而且是所謂「軟實力」的泉源。

「文創」目前很夯，文創首重人才，市場、資金也很重要，但其實最根本的是文化的底蘊、文化的深度和廣度，還有創作的自由度，這些部分都可以好好發揮。

我認為，兩岸的文化，有些地方有差異，有些地方可以互補，有些地方可以好好交流，產生更大的發展。希望透過交流、合作，共同地讓中華文化為全世界人類的文化做更大的貢獻。

在本土文化方面，文化總會執行多年的「走讀臺灣」計畫，我認為在深度和感染力還可以再加強，還可以再深耕。除此之外，還可以用一些藝術化的方式去做，例如拍紀錄片。不過，這些也不一定全部要由文化總會來做，可以藉由建立一個平臺，讓各種不同的媒體都一起加入，也就是讓藝術進來，增加它的感染力。

二十一世紀，國民需要「五識」，即知識、常識、見識、膽識和賞識，才會有競爭力。這部分就是優質文化的表現。文化需要一點一滴地累積，才會有豐碩、精緻的內涵，讓我們一起努力，將優質文化發揚光大。

環保的永續生活

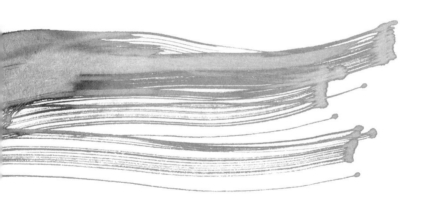

簡又新

臺灣永續能源研究基金會董事長，曾任淡江大學教授兼工學院長、立法委員、環保署長、交通部長、外交部長、駐英國代表、總統府副祕書長等重要職務。

我和環保工作有很深的緣分，第一個公職就是環保署長，之後在總統府、交通部、外交部等機關任職，離開公職後，我又回到環保領域，在臺灣永續能源研究基金會工作。應該說是在環保署工作的時候，就和環保結了一生之緣。在擔任環保署長的時候，是臺灣環保狀況最糟時，我常形容那是個「環保烽火」的年代。意思是，到處都有環保事件，就像八方烽火，到處出狀況。

一九八〇年代，是臺灣經濟成長最快的時期，創造了臺灣「經濟奇蹟」。但也因為經濟奇蹟，我們付出的代價也不少。舉例來說，那時候剛好是戒嚴時代結束，發生很多自力救濟事件，包括圍廠、抗議等。我接任環保署長後，三個月內就遇到兩次都多達數百人的示威遊行。

第一次是五輕的自力救濟事件，五輕煉解廠位在現在的高雄廠後勁地區，當地居民包了很多巴士到臺北　把環保署團團圍住抗議。好不容易他們回家了，過一個月，反對六輕在宜蘭設廠的民眾也有數百人到環保署抗議，全國各地當時都有類似的問題。

另一方面，那時候空氣、水的品質都不好，但有一個很重要的起點，是在一九八八年一月十三日，那是蔣故總統經國先生過世的日子，當天開行政院院會時所有閣員都很緊張，大家討論當天是否要如常開會，當時的行政院長俞國華非常有眼光，他說，我們不應該因為總統過世就停頓政務，不僅不應該懷憂喪志，還要更進一步多做一些事來紀念蔣故總統。淡水河汙染整治先期工程就是在此情況下經行政院開會通過，推動實施，那時候我們訂的目標，希望淡水河在西元二〇〇〇年的時候可以不再發臭。當時臺灣的汙水下水道只完成百分之三左右，所有家庭的廢水經過簡單的處理後，就直接送到河裡去，淡水河之髒可以想見。

記得有一回，馬總統（當時的行政院研考會主任委員），帶了一批研考會的人員和我們一起去看了淡水河的汙染狀況。我們去的人都穿長袖子，為什麼？因為如果不小心被水打到身體，皮膚較差的人就會過敏。由於河川汙染整治需要的時間很長，當時訂定的目標，只能讓淡水河在西元二〇〇〇年不發臭而已，不發臭和乾淨的距離是非常遙遠的。

整治汙染分為治標和治本，治標比較簡單，把河上的廢棄物、死豬、死鴨都撈起來是治標，大雨之後可能表面上看起來很乾淨，但只要經過一天之後就開始發臭了，因為家庭的廢水統統又沖到河裡去，不可能乾淨，所以要從汙水下水道開始做才能治本。臺北市二十多年來做得不錯，家戶接管的比例已經相當高了，新北市近年來也進步得很快，排放到淡水河的汙水變少了，河水當然就會乾淨。

至於垃圾，以前不像現在有焚化爐，河邊就是倒垃圾的地方，這樣的河川怎麼會乾淨呢？所以要做焚化爐，就要把這些垃圾做好處理，才有可能淨化河川。

現在大家都在談永續，為什麼要永續呢？它代表兩個基本的大問題。一個基本大問題是，根據世界能源總署的調查，很明顯地顯示，大概四十年之後，全世界的石油都會枯竭，煤礦大約再一百年也會被挖光了。百年在地球的歷史上是很短的時間，能源用完就沒有了，天然氣也會用盡；即使是核能電廠所用的鈾原料，也將逐漸短缺到沒有。也許我們這一代還可以擁有這些天然的資源，使用能源，但是我們的下一代或者再下一代，可能都沒有能源可用了，這是一個大問題。

另外一個大問題是氣候變遷。最近幾十年氣候有一個比較反常的現象，溫度不斷地在升高。全世界從一九〇一到二〇〇六年的一百年裡面，地球的溫度大約升高了零點六度左右。臺灣平均溫度升高了一點四度，是其他地區的兩倍多。由於二氧化碳排放量提高，產生了地球溫室效應，使地球溫度不斷上升，造成許多問題，比如說北極的冰原本是終年不化的，現在卻開始慢慢融化了。最嚴重的是連格陵蘭、南極的冰山也開始融化，所以海水開始上升。

如果從現在開始算起的一百年以內，地球海水的高度大約會上升五十幾公分，最近的調查資料顯示甚至可能會升到一公尺左右。因為地球很大，不會上升得很平均，有的地方會超過一公尺，很多低窪的地方就會被淹沒。其次，全球會產生很多暴風、暴雨、大颱風。二〇〇九年侵襲臺灣的莫拉克颱風，在四、五天內就落下了大約三公尺的雨水，這個雨量在全世界任何地區，都會氾濫，造成災害。根據判斷，這樣的雨量可能還會再發生，我們的生活完全受到氣候變遷影響。

氣候變遷的根本原因是大家使用太多化石能源，導致二氧化碳排放量不斷增加。聯合國氣候變遷綱要公約（UNFCCC）在二〇一二年會訂一個更務實的標準，各國都要減少碳排放量。如果沒有化石能源，人類許多活動都要停擺，所以要找個替代能源，也就是再生能源、永續能源。

例如風力、太陽能，還有源源不斷的地熱，甚至海浪與潮汐也可以把能量抽出來，但是成本比較高，技術尚未成熟。

大家要有個概念，總有一天煤、石油、天然氣都會消耗殆盡，假使有一天聯合國會限制我們不能使用煤和石油，或者限制用量，那就會變成國家的生存危機，因為經濟沒辦法順利發展。臺灣的二氧化碳排放量在全世界名列前茅，我們的總量是全世界排名第二十二名，但是如果除以人口數來算，我們是第十七名。名列前茅的是美國、澳大利亞、加拿大、沙烏地阿拉伯這些國家，這些國家都是有名的產油國，所以他們用得很大方。我們沒有產油，我們百分之九十九點三的能源是進口的，但是我們也用得很大方，當然二氧化碳就排放得非常多。

這個問題非常嚴重，臺灣永續能源研究基金會最主要的目的是讓民眾了解，這是我們這一代要替下一代負責的問題。因此，要早一點做準備、早一點做改變，要不斷和民眾溝通，因為民眾是非常重要的一環，如果沒有全民意識或者知識，談不上共識時，問題是無法解決的。

立法院通過了再生能源法，政府經過臺電公司來補貼這些成本較高的風能、太陽能需要的費用。如果有民眾投資風力發電廠或者太陽能發電廠，政府可以補貼費用。

政府現在要做的事情，首先是制定完善的政策，再生能源法的落實非常重要。其次是調整電業法、能源管理法。世界各國都有能源稅，我們還未開始實施。政府要通過能源稅的方式讓大家感覺到：我們需要重視能源的不足，抽的稅金，一方面可以發展未來新的能源科技，另一方面可以照顧弱勢族群。這件事情非做不可，愈早做愈有利。

臺灣的水、電、能源費用和先進國家比較起來，相對便宜，造成我們容易浪費。政府要用政策、立法來做再生能源的開發，以及節約能源的工作。民眾要開始有共識一起來參與。沒有一個環保的事情是單由政府做就可以，還是需要全民的參與。

環境保護和經濟發展存在很大的關係，現在「上位關係」開始變化，所謂上位關係，早期是先經濟發展，後來產生環境問題。在過程當中，因為能源很重要，經濟發展、能源使用和環境保護變成一起排排坐，一樣重要。現在不一樣了，因為全世界都要給予法律限制，上位變成了環境標準，再來才看能源夠不夠，能夠合乎這樣的環境標準使用能源的話，才能發展經濟。如果一個國家只以經濟發展來考量，不考慮上位關係，就有可能受到別國的制裁。

減少碳排放必須有兩大支柱才能完成，資金、技術缺一不可。我們現在要趕快努力，不努力的話，我們會跟不上時代，未來可能會出狀況。臺灣比起韓國、日本，甚至比起中國大陸，這部分我們仍有努力的空間。

科學家指出，人類生活型態如果都沒有任何變化，我們在二十一世紀底，地球溫度可能會增加六度左右，大約有百分之七、八十以上的物種會因此消滅，海水可能會上漲超過一公尺以上，這是非常可怕的事。

我們該如何調整生活？最重要的觀念就是過比較簡單、素樸的生活，愈節省愈好。比如說我們使用紙張，一面用完，第二面繼續再用，不要隨便浪費。有時候能夠用電腦取代寄信，就用電腦。開會的時候，不要印厚厚一大本的資料或會議記錄，直接上電腦傳輸就可以了。

飲食則盡量吃臺灣在地生產的。從國外進口的東西，有碳足跡的問題。此外，肉也要少吃點，有人會問，吃肉和環保有什麼關係？以美國來說，十公斤的穀物才能換到一公斤的美國牛肉，這是很浪費的，十公斤的穀物可以供應很多人，一公斤的牛肉則養不了多少人，更何況畜牧業的碳排放量也很大。

氣候變遷產生最大的問題有三大方向：能源問題、水資源問題和糧食問題。未來世界會缺糧，少吃肉，其實可以讓糧食剩下來，養育更多人，糧食價格也不會上升。我建議大家過比較簡樸的生活，不要吃太多的肉，並且要多運動。

保持身心愉快很重要，而家庭生活是一個人身心是否平衡的關鍵。

我和內人從就讀臺大時開始交往到結婚，已經超過四十年，我們互相了解、互相扶持，維繫了美滿的婚姻。我常講一個笑話，由於我太太是學法律的，我們家所有的家法都是她訂的，我只要做一個好公民就可以了，她講什麼，我聽什麼，就不會產生什麼問題了。

有些話大家聽起來可能覺得很俗套，卻很有道理。我幫別人證婚時常說所謂的互敬、互愛、互信、互諒，講起來很通俗，但是家庭美滿的生活也就是這樣點點滴滴累積而成的。

我太太一直很支持我，我換過很多職務，而且還從臺灣搬到國外去，這樣換來換去，如果她不支持，我就很難做事情。不管我的工作換到哪裡，她總是二話不說，東西一收，就跟著我走，我對她非常感恩。

關於教育子女的方法，我認為父母應注意幾個要素。第一個是時間，一定要有時間和孩子在一起相處；第二要溝通，要和孩子們溝通無代溝；第三個要共同學習；第四個要有共同的樂趣。我的孩子很喜歡和我下棋，除了下棋，我們還有其他共同的活動，我常跟他們去旅遊。

在我調派英國時，我幫孩子找學校轉學，找到一家很好的學校。在電話詢問中，校長告訴我，要通過考試後才能就讀。我說，孩子還在臺灣，沒有辦法考試！

他表示沒關係，考卷可以寄到臺灣去，考完再寄回來。不過校長說：我還是需要去看看他們的學校。

後來，我就到那個學校去，校長帶我參觀這個在英國相當有名氣的中小學，學校面積很大，他們從幼稚園一直辦到高中，一共有一千位學生左右。校長和我談了很多事情，談完後他說，孩子原則上可以來。我心想，還沒考試，怎麼可以來？他說：「我很重視家長，如果家長對孩子不關心，不關心孩子的教育，我就不會接受這個學生。」

開學後不久，我的孩子告訴我：「爸爸，我們要做一個勞作，作品是很大的紙房子。」我說：「好吧！我們一起做。」由於他做了老半天，怎麼做都做不起來，我只好和他一起做，做完後還開車幫他送到學校。我就跟學校老師抱怨說，這個題目學生是做不起來的，這不是強學生所難嗎？想不到老師回答說：「對啊！我出這個作業的目的，就是要你們有親子教育，我知道爸爸、媽媽會跟他一起做。讓你們一起做，是我們親子教育的一環，這是經過設計的課程。」我覺得這是很聰明的作法，為了做孩子的勞作，我們整天都耗在一起，共同學習。共同學習是親子互動最好的一環，不但你和孩子的關係會非常好，孩子也會進步很多。我發現，共同學習、尋找共同樂趣是很好的事情。

「五感」的觀念對我的影響很大。第一個是要有「成長感」，因為每一個人都會成長、進步。所以一開始工作，就要把握機會學習與成長。一旦覺得自己有成長感，今天比昨天更進步，昨天又比大前天進步，每天每天都在進步，會覺得有「成就感」，當你有成就感，你就會覺得很榮耀，當你產生「榮耀感」時，就開始對自己的工作單位有「歸屬感」，當你有歸屬感時，最後就會對現有的工作產生「使命感」。

很多人到年紀比較大的時候，對很多事開始放棄，對人生缺乏成長的感覺。我們看到很多人當他成名之後，反而在專業知識領域的敏銳度不如年輕時候，那是因為他沒有成長，他老是講過去的事情。

因此，若能培養五感，會覺得活得很實在、很有意義。使命不一定要很大，也許只是讓你的家庭很好、讓你的孩子很好，或者只是覺得這一生做得很成功，我願足矣即可。

人生是一場終身學習

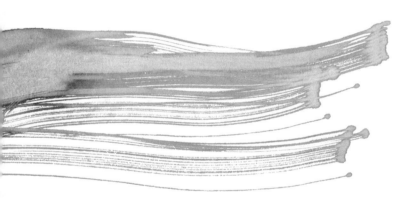

顏慶章

臺灣大學法律系、政治研究所暨美國密西根大學法律學院畢業，曾任總統府第一局局長、財政部政務次長暨部長、駐世界貿易組織 WTO 首任大使，擔任過臺灣大學與政治大學兼任教授，著作涵括《租稅法》、WTO 法等十餘本書。現為元大金控董事長。

在成長過程中，我課業成績都還不錯，對於唐詩宋詞和藝術也有濃厚興趣，所以高中時我曾經有意報考臺灣師範大學美術系。不過，因為臺南家鄉的傳統，大都期望下一代做醫師或律師，為了深怕辜負父母的期望，又不想放棄自己的興趣，我的內心相當掙扎。當時，一位國文老師對我影響很深，他發現我擅於寫論說文，文字邏輯觀念也很強，因此鼓勵我去念法律，而念法律又符合家鄉長輩的期待，所以大學聯考我鎖定法律系，考試結果我以第一志願進入臺大法律系就讀。

臺大法律系確實是一座寶山，大學四年是人生的黃金時期，對於我的學識啟迪，以及未來工作的歷練，都有很大幫助。但我也徬徨過，念臺大法律系期間，許多同學從大二開始就忙著準備一些檢定考試，我當時對於將來是否要走律師、司法官的道路仍然感到猶豫。

之後，我慢慢體悟到法學教育，不應只是狹隘地培育學生從事律師或司法官的考試，而法律的求學過程，也不需要把自己定位在只是做法官或律師，那時候我有點浪漫地想自己將來或許可以做個法學教授，由於當時並沒有開放學生修輔系制度，我只能自行選修相關課程，由於我對經濟學很有興趣，所以就選修經濟學，而且大量涉獵課外書來拓展專業領域，因為廣博學識是成功的利器。另一方面，我對於英文的興趣從未中斷，而且我把英文和國際經濟法作了很好的連結，因為研讀國際經濟法領域需要有相當的英文程度。後來慢慢體會到，做一個法律人很重要的是要整合不同的學能，即所謂的「科際整合」。我進入職場之後，發覺自己求學時的選擇非常正確。

在我的公務員生涯之中，幸運地碰到許多長官很肯定我的能力，我的陞遷也算非常突出，其中有個關鍵因素，也是一個很重要的訓練，就是法律的邏輯，使我在工作上游刃有餘。我們經常聽到一句話，「依法行政」很重要，可是依法行政的過程裡面，更重要的就是要能夠擅於體會法律的邏輯。因為你必須從邏輯的角度，才能對法律文字有合理的詮釋。在我的工作過程，尤其後來到財政部，財政部面臨到許多人民的權利和義務的事務，這些過程如果沒有一個合理的法律邏輯，會對工作有不良的影響。因此，我認為法律專業為我打下堅實的基礎，對於日後工作的幫助很大。

舉個實例，我到財政部工作之後，深刻體認到要從法律角度，並運用法律架構將租稅制度做系統化的整理。而我就讀臺大法律系時，系上並未開設租稅法的課程，所以有若干領域是在工作中不斷進修、觸類旁通的，這顯示了一個概念：

不管在國內或國外讀完相關課程，拿到學位以後，不代表這是求學階段的結束，而是另外一個階段的開始。我認為，在職場上掌握自己的興趣，用學理的方式多做一些體會，不但有助於工作績效提昇，也是一種終身學習。具體而言，有不少學門我在大學從未接觸，卻在後來的工作裡面，變成我工作滿重要的範疇。

我擔任公職期間即在東吳大學、臺大、政大擔任兼任教職，國際經濟法是我最主要授課的學門。卸任世界貿易組織首任大使，從日內瓦回臺之後，因為已經允諾擔任元大金控董事長，我認為好好的把一件工作做好，是做人很重要的道理，於是，回臺以後，我不接受任何大學邀請，去做兼任或者專任教職的工作。但我也認為，以我在日內瓦工作的經驗，還包括過去擔任財政部長期間，從事金融改革的一些經驗，應該與人分享，這是一種社會責任，所以對於某些演講邀約，我都盡量配合。

臺大法律系邀請我去演講之後，認為我的經驗，對法律學子是一個很特殊的經驗。因為臺大法律系的畢業校友多為才俊之士，但大多數都從事比較狹隘的法律工作，像我涉及到的範圍比較廣，並做過財政部長的則不多見，而且還擔任過WTO首任大使，這更少見。於是，臺大法律系徵詢我是否可以接受「榮譽導師」

的工作，我認為，這也是我的社會責任，所以就接受他們的安排。我考慮與學生互動的合理人數應該不超過十個人，聽說登記我當「榮譽導師」的學生非常多，遠超過我限定的十人，按規定，必須抽籤，學生反應，他們很榮幸可以抽到我的籤。一個學期師生會有兩至三次的接觸，我和榮譽導生的互動還有一個優點，因為我的內人羅月卿女士是我臺大法律系的同學，學生們都很高興，不但有一個榮譽導師，還有一個學姊可以請益。

現在的年輕學子很幸福，臺灣經濟成長和國民所得都比我念書的時候高很多，相關的體制也比較有彈性。我很高興看到一些年輕朋友，包括我的榮譽導生，可以利用暑假或者一些機會到國外去遊學，雖然時間不長，只有兩、三個月的停留，但這是非常好的一個學習歷程。換句話說，現在年輕朋友們比較有接觸國際化的機會，還有網路提供了快速又完整接觸資訊的途徑；再加上大學教學制度的改變，有輔修的課程，對於學生未來人生的規劃會有所幫助。

但相對來說，現在的年輕朋友，未來面臨到的競爭，比我當時要面臨到的競爭更為激烈，因為今天學子們要面臨到的競爭，不是同學之間的競爭而已，還涉及到國際化的競爭。所以，在全球化的過程裡面，年輕朋友要想出類拔萃，個人的資質必須要更為突出，才有機會。我常鼓勵青年學子，在一個國際化、全球化的過程裡面，外語能力非常重要，要充實這方面的實力，再加上必要的專業學識，做科際的整合。以法律系的學生來說，法律之外，一定要加上其他領域的專業，形成他們特殊的專長，在這個過程中，外國語文，尤其是英語文應該是很重要的。

成功的因素除了廣博學識之外，做人也很重要，在我過去的工作過程中，和同事相處是非常美好的回憶。不管是在國內做財政部長，或者到日內瓦擔任駐WTO首任大使，包括從日內瓦回臺灣之後接任元大金控董事長，我幾乎從來不會對同事發脾氣，我認為大家有機會在一個單位成為同事，是難得的緣分，我非常珍惜這個緣分。另外，我與同事相處時，會以引導的方式，讓同事接受我的理念，而我也願意接受不同的意見，所以希望在討論問題過程，大家能充分表達心中的意見，這樣才能得到一個圓滿的決策。

因此，我的待人處世原則，簡單來說，做事情非常認真；待人則相當寬厚，但寬厚並不代表我容許同事散慢或者苟且做事。

以我在財政部工作來說，因為財政部的業務經緯萬端，且與民眾權利義務有深切的影響，處理相關業務時，如果決策過程不夠完整，會產生很大的後遺症。

有了完整的決策，還要有魄力徹底執行，否則也會功虧一簣。

記得在擔任財政部長期間，為了整頓三十六家基層金融機構，花了相當大的心力，也承受了極大的壓力。同一天對三十六家金融機構加以整頓是破天荒的大事，其中還有五家信用合作社與當時立法委員有相當密切的關係，換言之，是立法委員家族在經營的信用合作社。所謂整頓這些金融機構，是把經營者逼退出市場，這個過程的確是很大的挑戰。更重要的是，整頓這三十六家基層金融機構，包括信用合作社還有農漁會信用部，如果處理不好，必定會發生擠兌情況，同時這些基層金融機構的金融從業員工，如果失去了工作，對社會也會帶來一些傷害。但是不可否認，這三十六家金融機構的資產淨值都變成負數，經營者基本上都有不良的經營績效，甚至有一些值得懷疑的經營行為。當時我認為，既然做了財政部長，又看到這個現象，我如果不處理，就不符合我擔任財政部長的自我期許，因此我決定勇於承擔。

但整頓基層金融機構很不容易，在這過程中，我和同事們都是知無不言，大家勇於交換意見。所以，處理過程中擬定了一個非常完整的執行計畫，甚至精密到有點像作戰計畫一樣。在計畫過程中，決定了啟動日期之後，即在計畫中詳細條列出啟動七天前每天要做什麼事情，這都是跟同事討論出來的。尤其啟動當天，我必須要做哪些事情，都有非常詳細的計畫。然後，啟動後的三十天之內，我每天要做什麼事情也做好規畫。所以，我們可以說完全照表操課。執行的過程已經在臺灣的金融史上寫下了新的一頁，部長在在同一天對三十六家基層金融機構下手，然後在一個月左右接管，原來的經營者全部被驅離出去，所有員工納入其他金融機構，沒有引起社會任何擠兌或者其他不良影響，算是創造了一項空前的紀錄。

記得在整頓過程中，我對於參與的金融工作人員非常感謝，啟動當天，三百多個人要在同一天分別接管三十六個據點，我無法預料過程中會不會引發當地人士的抗議。我擔心這些代表財政部來執行接管任務的金融人員，萬一遭遇到傷害，後果難以預料。為了保險起見，決定為他們投保高額的保險，每個人投保一千萬臺幣。

在財政部長任內，我努力推動金融改革，整頓地方基層金融機構，實際上只是金融改革的一項而已。更重要的是，我對整體金融環境，包括金融控股公司法、金融機構合併法，這些重要的法案在我手上快速的通過。我也是歷任財政部長中，第一個到國外招商的部長，很安慰的是這些努力也都看到了一些成績。

後來我被徵詢是否願意擔任駐WTO首任大使，我覺得這是一個榮譽與挑戰。尤其這個領域，恰好是我最有興趣的國際經濟法領域。

擔任駐WTO首任大使，我承受了很大的壓力，因為臺灣長期在國際舞臺上缺席，帶領代表團同事到日內瓦工作，本身就是個壓力。尤其WTO是一個如此重要的國際組織，臺灣又是以經貿導向為經濟發展策動的力量，代表團必須以開疆拓土的精神，為臺灣爭取到最大的利益，才不負國人殷切的期望。我的同仁都很優秀，但其中只有少數對WTO有所研究，其他大多數人對WTO是一片白紙。我努力帶領大家融入那個環境，然後能夠代表臺灣在會議談判場合裡面，來做出我們的貢獻。在這方面我盡了全力，也獲得了一些成就。

在日內瓦工作期間，臺灣和中國當然會有所互動，初期中國對臺灣的同時出現，尤其對我們代表團稱謂為「常駐代表團」，英文是 **perma-nation**，中國對此有意見，中國認為，**perma-nation** 有主權意涵，於是進行施壓，再加上當時國內一些政府官員還對代表團製造一些沒有道理的壓力，代表團等於是「兩面受敵」，這種滋味讓我百感交集。但所幸我對國際事務有一定程度的判斷，我在處理過程，訂出很妥當的策略與作法，後來證明我的決定是對的，但這件事讓我感受良深，或許凡事要經過這樣艱苦的歷程，最終才會得到甜美的果實。我從日內瓦申請卸任的時候，得到總統頒給我二等景星勳章的肯定，駐外人員卸任後獲此殊榮者並不多見。

能夠在工作上勇往直前，無後顧之憂，家庭是我最大的精神後盾，尤其要感謝我的妻子羅月卿女士對我的付出與包容，我們相互扶持，攜手走過了近半個世紀的歲月，兩位子女也都學有專長，這是我們最大的安慰。我認為，婚姻和家庭的經營，其實與朋友之間的互動一樣，都要能彼此分享與共同關懷。

另外，我比較幸運的就是，太太在許多方面理念上跟我很接近，包括我們對生活美學的概念，對藝術欣賞的角度都有一致性的看法。這幾年我們常去看一些畫展，對於畫作的意見，我們的一致性達到八、九成，可見我們審美觀點相當接近，生活上也很愉快又有默契。

我內人是家中的獨生女，所以我們結婚之後，一直跟岳母住在一起，岳母把我當成她兒子一樣，對我非常關懷，會在我背後稱讚我，我也從她身上得到很多親情，幾十年下來，我們生活都非常融洽。從結婚開始同住到現在，每天早上我起床的第一件事情，就是去跟岳母報到，吃過早餐出門前再去跟她打個招呼，下班回到家的第一件事也是向她報到，晚上在她睡前，我再去跟她致意一下。這不是刻意而是非常自然的事，我認為孝道本身是一種意念，做就對了。我覺得有一個老人家住在一起，是我們家庭的福氣。

此外，我和太太有一個很大的福報是，子女在求學過程中不需要我們太多的掛慮，我只需要適時的提醒，鼓勵他們朝自我興趣發展。女兒慧欣念的是法律，在美國取得法學博士學位後，回到國內服務。兒子洪胤在建築領域拿到法國建築師的執照，在臺北成立了一個事務所。我對兩個子女的要求，就是他們要有專業。因為在國際化的環境，他們必須在自己的專業裡面隨時保持精進。我也常告訴孩子，如果我在學識領域、職場有點成績，其中一個很重要的因素就是懂得感恩和惜福。我提醒孩子，感恩，不是要他們謝謝父母對他們的支持，還包括在工作的過程裡面，對他們的同事、對他們的長官，彼此之間有工作的情緣，都要有感恩的心情，然後珍惜這個緣分。我表示，父母不太可能留給他們很多的財富，最重要的是一個待人處世的態度，這本身就是一個財富。

溫柔女強人

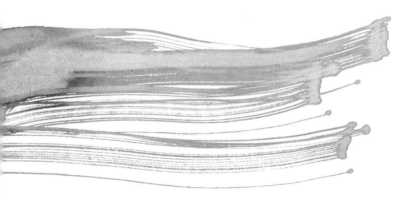

羅月卿

元大金控顏慶章董事長夫人，曾任臺灣中小企業銀行祕書室法務科科長、經理、董事會主任祕書；臺灣工業銀行副總經理、總稽核、獨立監察人、獨立董事等職。目前擔任慈濟的委員。

我的父母親觀念和思想相當保守，我又是家裡的獨生女，所以父母對我管教就比較嚴格。幸好我從小還算是乖巧聽話，念書不必他們煩心，從小學開始，我就一直是班上的模範生，媽媽曾因沒有生男孩或有一些遺憾，幾十年過去，再回首我的表現應該沒有讓他們失望。

由於家教嚴格難免有些約束，當我念大學的時候，媽媽就曾叮嚀：不准交男朋友、不准參加舞會、不能學打麻將……等等。我先生顏慶章雖是我同班同學，但我們是畢業以後才開始正式交往。而且我媽媽還希望要有提親、相親儀式後才可以交往。想來我先生為了追我，確實有些辛苦。

常有人問我家庭和樂的祕訣是什麼？幸福美滿的家庭真是有賴夫妻雙方互相認真經營。我以前雖是職業婦女，但仍以家庭為重，在職場上敬業樂群，廣結善緣。因此我對「女強人」的定義是指女人要有自信用心經營自己婚姻，並能保有自己就業自主的能力，在婚姻進行過程中，萬一有任何變故，絕對可以獨立撐過挺過困境，而不是在職場上作風強勢與男人一爭長短。最重要請別忘能做個「溫柔的女強人」，就是盡量讓先生沒有後顧之憂，縱使「蠟燭兩頭燒」也無怨無悔。

當孩子小時候生病、發燒，學校通知家長，總是媽媽請假趕緊跑去接孩子看醫師回家休息，學校懇親會大部分也是媽媽出席參加。其實女人最大的幸福是在家庭而非事業，如果兩者無法兼顧時，我寧可選擇家庭。平日我喜歡室內設計，所以除了將家裡打理整齊乾淨外，又善於整理庭園、布置客廳、點綴餐廳等讓家裡處處呈現溫馨清新的氛圍，家庭自然就和樂笑聲連連。

很幸運的是，我和先生志同道合，又默契十足。尤其在審美觀與人生觀也相當有共識。記得在大學畢業那年，我住在臺北，他到屏東服兵役，當我們已經走完相親、提親程序後正式通訊交往，他從屏東寄了一張卡片，我在臺北市也買了一張聖誕卡寄給他。沒有想到兩張卡片南北同時交會而過，竟是同一張一模一樣的卡片，真是奇妙，更是終生值得珍藏的瑰寶。

在職場上工作將近三十年，盡量做到以身作則認真負責。但我總會跟同事們說：「我們上班的時候認真上班，下了班以後，大家認真享受生活。」平時多關懷同仁生活，以誠相待。在工作上嚴格執行內控，防止弊端發生，注意興利的政策目標，努力創造經營績效，因此當年帶領的銀行團隊向心力強，業績良好，退休時留下一張不錯的成績單。現在雖然退休了，我和以前老同事仍然保持良好的互動，遊山玩水是常有的活動，讓自己的生活充實並十分喜樂。

從念中學以後，在求學階段就懂得關懷別人，對社會福利機構做零星的捐款；就業後先生與我就在我們的收入固定提撥小比例的公益捐款。或是看到家庭遭逢變故亟需救助的個案，也會主動親自探視並予協助。我現在是慈濟的委員，證嚴上人常開示「行善和行孝是不能等」。在行善的過程中，我們要先感謝願意接受我們幫助的人，因為他們才能讓我們見苦知福，啟發我們知福、惜福再造福的善念。「欲知前世因，今生受者是；預知來世果，今生做者是」。相信因緣果報的道理，更要有「慈悲喜捨」的大愛胸懷。

一九九九年九二一大地震發生後，歷經浩劫的中南部縣市，許多孩子頓時失去雙親且無家可歸，我先生當時是財政部的政務次長，奉命派駐在災區兩個月，我曾跟著他去災區，在那邊看到的景象，讓我既感動又辛酸。感動的是，我看到了許多藍天白雲的身影，穿梭在災區的每一個角落，這也是我退休後走入慈濟一個很大的催化動力；辛酸的是，地震如此重創臺灣感到非常難過，當下我們就決定透過家扶中心認養災區的孩童，第一個階段就認養了十位小朋友，之後又再認養五位，總共認養了十五個孩子，從兩、三歲到高中生都有。數年後，看到這些孩子展開笑靨，生活大有改善，且災區重建工程逐步完成後，我們都非常欣慰。

孝順兩字，就是「孝」就要「順」，我已過六十，媽媽已經八十幾歲，她至今還是把我當成小孩看待，每天早上起來，母親第一時間要看到我和我先生。我們做到晨昏定省，媽媽也才會放心。我非常感謝我的另一半，我們結婚將近四十年來，媽媽一直和我們同住，我先生始終把岳母當成自己的媽媽看待奉養。

現在我最掛心的是媽媽的健康，她是我的心肝寶貝，我也是媽媽的心肝寶貝，記得幾年前在《聯合報》的副刊上讀到一篇「我的心肝阿母」，於我心有戚戚焉，因為媽媽也是我最甜蜜的負擔。媽媽有遺傳性的糖尿病、又有高血壓、心臟病，肺部四、五年來長有一個纖維瘤，腎臟祇剩一個有用，年輕辛苦的歲月，年老了卻是一身的病，我的心中有百般的不捨。

記得在電視上曾看到中華民國老人福利推動聯盟的一則廣告：「人老了，生命是不是就只有剩下呼吸和食物？」看了令人鼻酸，因為我也去過一些老人的安養院關懷與捐助，有時老人家緊抓著我的手不放，從他的眼神中可以強烈感受到，他是多麼渴望找人說話，可以想像他寂寞孤獨的心情。最近我媽媽有老人退化、失智的傾向，我就報名參加老人失智的相關課程。上課後我才了解，老人步入失智或老人癡呆的時候，必須及早防患治療。所以為了媽媽，我能夠做多少，就盡量去做。

在照顧媽媽的過程中，我深深體認到其實老人最需要的就是親情的撫慰與家人貼心的陪伴。如果經濟能力許可，應該盡量把老人留在家裡，不要送到安養院。因為老人如果離開了家人，脫離了他（她）熟悉的環境，心理上受到衝擊，生理上的問題也會隨之慢慢惡化，反而加速老化與失智。

媽媽生病按規定可以請外傭看護，我們珍惜與她的緣分，尤其是外傭千里迢迢到臺灣工作，人生地不熟自然應該多給予關懷和照顧，將她當成是家裡的一份子看待，讓她跟我們一起用餐、喝茶聊天。其次，我會多關心外傭國家的動態。當她感冒、生病時，帶她去看醫生等。此外，我會教外傭要把辛苦賺來的錢多作儲蓄，不要亂花錢，甚至我會告訴她理財的資訊，鼓勵她把錢寄回家買田產，才不會讓幣值貶值減少損失，我們家的外傭很聽我的話，所以她來臺灣工作幾年，已經在印尼的家鄉買了好幾塊地，現在她已在家鄉小有名氣，是當地人羨慕的小富婆。

不論是親朋，我都重情惜緣，因為你為別人點亮盞燈，那份光與熱同時也溫暖了自己。

琉璃文學 21

把心拉近

CLOSER HEARTS

口述	單國璽、蕭萬長、李伸一等
企畫	法鼓山人文社會基金會
整理	張麗君、卓俐君
出版者	法鼓文化事業股份有限公司
主編	張麗君、卓俐君
美術設計	兩隻老虎廣告設計有限公司
地址	臺北市北投區公館路186號5樓
電話	(02)2893-4646
傳真	(02)2896-0731
網址	http://www.ddc.com.tw
E-mail	market@ddc.com.tw
讀者服務專線	(02)2896-1600
初版一刷	2011年9月
建議售價	新臺幣200元
郵撥帳號	50013371
戶名	財團法人法鼓山文教基金會—法鼓文化
北美經銷處	紐約東初禪寺 Chan Meditation Center (New York, USA) Tel: (718)592-6593 Fax: (718)592-0717

法鼓文化

國家圖書館出版品預行編目資料

把心拉近 ／ 單國璽、蕭萬長、李伸一等口述；
張麗君、卓俐君整理. -- 初版. -- 臺北市：
法鼓文化, 2011. 09
面； 公分
ISBN 978-957-598-563-9（平裝）
1. 臺灣傳記 2. 訪談

783.31 100013252